Sin control

Sɪɴ CONTROL

Shefali Tsabary

Traducción de Joan Soler Chic

GRUPO ZETA

Barcelona • Madrid • Bogotá • Buenos Aires • Caracas • México D.F. • Miami • Montevideo • Santiago de Chile

Título original: *Out of Control*
Traducción: Joan Soler Chic
1.ª edición: enero 2016

© 2013, by Shefali Tsabary, Phd.
© Ediciones B, S. A., 2016
   Consell de Cent, 425-427 - 08009 Barcelona (España)
   www.edicionesb.com

Printed in Spain
ISBN: 978-84-666-5822-5
DL B 26239-2015

Impreso por QP PRINT

Prefacio

Pocas veces aparece un libro que rompa con la manera en que la sociedad tiende a hacer las cosas y nos desafíe a adoptar un enfoque totalmente nuevo, en especial cuando este enfoque representa un impacto «en casa».

Para muchos, si no para la mayoría, el contenido de *Sin control* será algo sorprendentemente nuevo. Algunos lo experimentarán como una conmoción, como un latigazo o un porrazo en la cabeza. Para otros será la confirmación del modo en que ya están criando a los hijos, y les procurará la percepción y el respaldo que no encuentran en casi ningún lugar.

Para otros que tengan hijos adultos, como yo misma, la pregunta que me viene a la cabeza es: «¿Dónde estaba este libro cuando yo educaba a mis niños?»

El hecho simple es que no somos conscientes de las asombrosas percepciones que la doctora Shefali Tsabary comparte con nosotros en *Sin control*. Aunque amábamos a los hijos e hicimos todo lo que pudimos, nuestros métodos se basaban en el estilo parental que experimentamos en nuestra propia educación. Por consiguiente, en realidad no supimos criar a nuestros hijos de manera distinta, de una manera más delicada y legitimadora que diera como resultado unos adultos seguros de sí mismos, felices y responsables.

Me acuerdo de una canción de la banda sonora de *Jesucristo Superstar*: «*Could we start again, please?*» [¿Podemos volver a empezar, por favor?] Y para los padres y cualquier implicado en el cuidado de los niños, la buena noticia es que «¡sí!».

Si nos fijamos en el modo en que las sociedades llevan tanto tiempo funcionando, observamos que buena parte de lo que ha sido tradicionalmente aceptado como «la forma en que se hacen las cosas» ya no nos sirve en una época con mayores niveles de libertad, toma de conciencia y privilegios. Las profundas grietas en las instituciones sociales como consecuencia de los cambios trascendentales que estamos experimentando son evidentes en todas partes, y en particular en la familia y en los hijos.

Hasta ahora hemos vivido en una sociedad predominantemente patriarcal, lo que se refleja en las estructuras y los métodos operativos de las principales instituciones.

Este modelo «poder sobre» ha funcionado porque, hasta hace poco, en general se aceptaba la idea de que, sin *imponer* obediencia —control—, todo se vendría literalmente abajo y cundiría el caos.

Nos encontramos en medio de un cambio significativo, desde un mundo basado en el poder *sobre* los otros a un mundo en el que hay igualdad universal y respeto mutuo. Por tanto, como es lógico, esto tendrá una repercusión precisamente donde vivimos y respiramos a diario: en nuestra vida familiar, y más específicamente en el modo en que, en nuestra calidad de padres, nos relacionamos con los hijos.

La doctora Shefali nos sugiere, nos suplica incluso, que nos esforcemos por superar el patrón condicionado de relacionarnos con los hijos desde una posición parental de «poder sobre» hasta el respeto a los hijos, mediante la utilización de esta relación sagrada con el propósito de conectar con lo más valioso que hay en ellos y en nosotros. A tal fin, inevitablemente habremos de abordar nuestra propia educación herida con el propósito de curarnos educando a los hijos desde un nivel superior de conciencia.

Afrontemos la oportunidad de educar a nuestros hijos al tiempo que nos mostramos abiertos para permitir que ellos nos eduquen a nosotros: atrevámonos a ser sus administradores más afectuosos, de tal manera que ellos desarrollen la autosuficiencia necesaria para escalar la montaña moral más alta y cruzar los rápidos de la vida más imponentes con éxito y confianza. Ellos vienen a nosotros no desde nuestra semilla, sino desde la de lo divino. Tenemos la oportunidad y el honor de ser sus jardineros: regar, deshierbar, fertilizar, valorar y respaldar con gratitud hasta que la planta crezca ya robusta.

La mayoría estamos familiarizados con este dicho: «Por sus frutos los conocerás.» Bueno, pues mediante una metáfora similar podemos decir: «Nosotros, los padres, seremos conocidos por el jardín que cultivamos.»

Bien, acabo de oír a mi director editorial: «Ya basta. ¡No cuentes el final!»

CONSTANCE KELLOUGH
editora, Namaste Publishing

A mi hija Maia.

Gracias a haberte tenido he aprendido a disciplinar mi propio ego indisciplinado y a convertirme en un adulto más humano.

Tu capacidad para saber, honrarte y legitimarte a ti misma me deja atónita y me ilumina a diario.

1

Por qué la disciplina no funciona

«Es que mi hija no me escucha —me dice un padre—. Diga lo que diga, es como si le hablara a la pared. Los deberes escolares son una pesadilla; los quehaceres domésticos, una batalla continua; todo es un conflicto.»

«¿Qué hiciste la última vez que hubo una discusión?», pregunto.

«Primero le grité. Luego la amenacé con quitarle algunos privilegios.»

«Ponme un ejemplo.»

«En vez de hacer los deberes, perdía toda la tarde con juegos de ordenador. Así que le quité el móvil durante dos semanas.»

«¿Y qué pasó después?»

«De repente fue el caos. Ella me gritó y dijo que me odiaba y que no me hablaría nunca más. Se pasó otras dos horas llorando en su cuarto. ¡Ya no me quedan cosas que quitarle! ¡Da lo mismo!»

¿Os suena?

¿Qué padre o madre no ha amenazado en algún momento a sus hijos? Si se muestran respondones con nosotros, les reducimos las horas de televisión. Si ponen los ojos en blanco, cancelamos su día de juegos. Si no les va bien en un examen, les negamos el viaje prometido a Disney World. Si no limpian su habitación, les confiscamos el iPod. Atrapados en el ciclo «Si tú no... entonces yo...», en el intento de controlar a los hijos acabamos exhaustos.

La mayoría de los padres se ven a sí mismos en un sistema incesante de peleas con sus hijos. Lo denomino el «enfoque parental *guardián del prisionero*», en el que el guardián debe controlar de cerca las acciones del hijo. El hijo, en el rol del prisionero, hace algo bien o mal. El progenitor, en el rol del guardián, aparece de pronto y administra un premio o un castigo. El prisionero pronto acaba dependiendo del control del guardián sobre su conducta.

Este sistema de premios y castigos debilita la capacidad del niño para aprender autodisciplina, lo que socava su potencial intrínseco para la autorregulación. Al ser una simple marioneta cuyo desempeño depende exclusivamente del guardián, el niño aprende a estar motivado desde fuera más que dirigido desde dentro. A medida que pasan los años, cada vez está menos claro quién es el guardián y quién el prisionero, pues ambos se martirizan mutuamente en interminables ciclos de manipulación.

Asumir la función de guardián no es agradable. Cuando pregunto a los padres si les gusta este papel, responden con vehemencia: «De ninguna manera.» No obstante, cuando les digo que, de hecho, están desempeñando esta función y les sugiero que dejen de hacerlo, me miran como si yo fuera un bicho raro.

Y les digo esto: «Imponer disciplina a los niños quitándoles el móvil, chillándoles, prohibiéndoles salir o a base de bofetadas, solo perpetúa el problema en vez de resolverlo. Tenemos ante nuestros propios ojos la prueba de que *imponer disciplina no funciona*. Porque si funcionara, tu hijo no seguiría comportándose así.»

¿Hay alguien que no crea que debamos imponer disciplina a los hijos? Yo estuve años creyendo en la disciplina. Grité, probé con aislamientos, amenacé. Creía que eso era lo que se esperaba de mí como madre. No es de extrañar que cuando sugiero a los padres que imponer disciplina no solo es innecesario sino que en realidad fomenta la conducta negativa que pretenden corregir, es como si les pidiera que renunciaran a un derecho inalienable.

Cuando interaccionamos con los hijos partiendo de la idea de que imponer disciplina es una faceta esencial de nuestro rol de padres, damos por supuesto que los niños son intrínsecamente indisciplinados y que es preciso civilizarlos.

«¿Qué está diciendo? —preguntan los progenitores, indignados—. ¿Cómo que no puedo castigar a mis hijos? Si no les asustas o castigas, no hacen caso.» Al oír el tono casi alarmado de estos padres, reparo en lo atrincherados que estamos la mayoría en nuestra idea de que la disciplina es una piedra angular del estilo parental. Veo asimismo las repercusiones de este enfoque en el hecho de que los niños no hacen caso si no son amenazados o sobornados, porque han acabado siendo adictos al hecho de estar sometidos a un control constante.

Cuando interaccionamos con los hijos partiendo de la creencia de que imponer disciplina es un aspecto esencial de nuestro rol de padres, damos por supuesto que los niños son intrínsecamente indisciplinados y que hay que civilizarlos. Curiosamente, los niños más disciplinados suelen ser los menos capaces de controlarse *a sí mismos*.

Sin haberlo pensado detenidamente, hemos asimilado la idea de que, sin disciplina, los niños se vuelven asilvestrados. Interpretamos su mal comportamiento mediante esta lente. Yo sugiero justo lo contrario. Lo que consideramos «disciplina» es perjudicial y no logra generar el tipo de conducta que los padres tanto desean en sus hijos.

Al principio, la palabra «disciplina» tenía un significado benigno, asociado a la educación y a la formación. No obstante, si preguntamos a cualquier padre o madre actual sobre la disciplina, dan por sentado que estamos hablando de una estrategia para controlar la conducta del niño, estrategia orientada principalmente a que los padres ejerzan su voluntad sobre el hijo.

En realidad, los padres se formulan la pregunta siguiente: «Para que capte el mensaje, ¿qué puedo quitarle a mi hijo que le guste en especial?» No se les ocurre pensar si la cosa que van a quitar guarda alguna relación con el comportamiento. Los padres creen que si privan al niño de este privilegio u objeto tan preciado, conseguirán que este de pronto preste atención.

Para ver lo absurdo de este planteamiento, llevémoslo a un nivel adulto. Después de que hayas decidido ponerte a dieta, tu cónyuge te pilla haciendo trampa con una caja de dónuts y te quita las llaves del coche para que no vuelvas a ir a la tienda. ¿Cómo te sientes? O imagina que llegas tarde a tu cita para almorzar con una amiga y que esta te exige que le des tu joya favorita. ¿Qué? ¿Cómo lo ves?

Me parece que coincidiremos en que este tipo de acciones no contribuyen precisamente a tener un buen matrimonio o una amistad sólida, no digamos ya a alejarte de los dónuts o a impedir que vuelvas a llegar tarde. Bien, pues buena parte de lo que llamamos «disciplina» es exactamente igual de disparatado para nuestros hijos, y empeora la situación en la misma medida.

Plantéate cuál es la conexión entre:

Si adelgazas, podemos ir a Universal Studios.
Si te seleccionan para el equipo de natación, puedes quedarte a dormir en casa de un amigo.

Si sacas un sobresaliente, puedes ir con la abuela al cine.

Si no haces los deberes ahora mismo, no te compraré los zapatos nuevos.

Si no me hablas con educación, te quitaré el móvil.

Si no dejas de decirme mentiras, te quedarás tres semanas sin salir.

Los padres lo admiten: «Me sorprendo lanzando amenazas sin pensarlo siquiera. Estoy tan enfadado que salen sin más de mi boca. Luego, en cuanto las he dicho, he de seguir adelante, de lo contrario mi hijo pensará que no hablo en serio... y entonces puede ser peor el remedio.»

Yo les respondo así: «Tal vez las cosas mejoren de momento. Pero con este enfoque, ¿ha cambiado la situación de manera definitiva?»

Todos los padres a los que he formulado esta pregunta lo reconocen: «No, ni hablar.» Una persona me confió lo siguiente: «Cuando mi hija mayor tenía cuatro años, toqué fondo. "No puede ser así", pensé. "¡Los seres humanos, los niños, son buenos!" Ahora ella tiene once años, y nunca ha sufrido chantajes, amenazas ni castigos.» El caso es que este enfoque opresivo, basado en la dominación, no logra nada positivo. De hecho, diversas investigaciones han confirmado que las técnicas punitivas tienen consecuencias perjudiciales duraderas.

Cada vez que hablo de esto, algún padre me dice lo siguiente: «Pero a mí me impusieron disciplina. De hecho, mi padre me daba unas palizas de muerte; y me ha ido bien.»

No voy a discutir si al padre en cuestión le ha ido realmente «bien». He aprendido que semejante enfoque no consigue llegar al fondo del asunto. Por tanto, pregunto: «¿Cómo se sentía cuando le castigaban o le golpeaban de niño?»

Si el padre es sincero, dirá algo así: «Lo aborrecía, lloraba mucho, aquello me aterraba; me odiaba a mí mismo, solo quería escapar.»

Y le pregunto yo: «Entonces, ¿por qué impone disciplina?»

La respuesta es previsiblemente esta: «Porque quiero que mis hijos aprendan. ¿Cómo van a aprender si no les enseño?»

Si el objetivo es enseñar a un niño, ya he dado a entender que la disciplina es *enemiga* de la enseñanza. Contrariamente a lo que cree casi todo el mundo, lejos de ser sinónimos, la disciplina y la enseñanza son mundos aparte.

Para ilustrar esto, recuerda cómo te sentías cuando te mandaban a tu cuarto, no te dejaban ver tu programa de televisión favorito, no te permitían salir a ver a tus amigos, te quitaban el móvil, te pegaban gritos o te daban azotes. ¿Te sentías bien? ¿Acabó siendo para ti algo natural hacer lo que se pretendía enseñarte? No, lo que aprendiste fue esto: «Mis padres son los jefes, así que no hay que cabrearlos.» Probablemente también observaste que tus padres trataban a otros adultos, compañeros de trabajo o incluso mascotas con más respeto que a ti.

Como la disciplina parece relacionada más con los caprichos de los padres que con algo razonable, provoca siempre resentimiento en los niños. Aunque quizás accedan a nuestras exigencias porque les obligamos a ello, en su interior desarrollan una resistencia no solo ante lo que les pedimos sino incluso ante nosotros en tanto que mensajeros. Su resistencia, o en el mejor de los casos su desgana, intensifica la necesidad parental de control, pues el padre presiona al hijo creyendo que, cuanto más estricto sea con él, más obediencia suscitará. Esta resistencia acaba siendo sarro emocional y creará barreras para el aprendizaje, el crecimiento y, sobre todo, la conexión entre padres e hijos.

La conducta del niño tal vez se ajuste a las normas, pero su corazón no. Los niños no tragan.

2

Un mundo que se concentra en el control

La madre estaba teniendo un arrebato épico, el peor que hubiera sufrido jamás. Palabras disparadas, pasos apresurados, portazos. Tenía ganas de llorar a gritos. O de huir. ¿Por qué su hija no podía hacer lo que se *le decía*? La niña era imposible.

Era siempre lo mismo... los juguetes desperdigados por todas partes. ¿No le había dicho, hacía ya una hora, que los recogiera, y luego varias veces más? Pues *aún* no lo había hecho, y los invitados a cenar llegarían en quince minutos. Con tantas cosas que hacer en la cocina, y ahora encima tener que ordenar el salón, la madre estaba a punto de perder los estribos. Mientras cogía los juguetes y los lanzaba furiosa a la caja, chillaba: «¡Eres una niña mala! ¿Por qué nunca haces caso? ¿Por qué has de ser siempre tan tozuda?»

La pequeña de cuatro años veía a su madre agitar los brazos y hacer muecas que daban miedo. La veía golpear cosas como si estuviera loca de veras. La oía pronunciar palabras importantes: «responsabilidad», «castigo», «disciplina». ¿Qué significaban? La niña no lo sabía. Solo sabía que estaba asustada. Tan asustada que tuvo ganas de hacer pis allí mismo. Pero esto enojaría aún más a mamá, por lo que habló mentalmente con sus ganas: «Pis pis, no. Pis pis, quédate. Uno, dos, tres.»

¿Cuándo volvería mamá a ser otra vez una mamá feliz? ¿Cuándo acabaría la tormenta? A la niña no le gustaba que hubiera tormenta. Últimamente parecían llegar más a menudo... y todo era culpa suya.

¿Te ves reflejada en esta madre? Yo sí, porque la madre era yo, y la niña era mi hija.

¿O la niña era *yo misma*?

Si juntas un horario apretado, una hija con una agenda distinta de la mía e invitados a punto de llegar, y además lo unes a mi necesidad de controlarlo todo, solo hacía falta una chispa para causar el incendio. Estallé, descargué mi furia contra la niña y le eché la culpa de mi estrés. Si ella decidía ponerse rebelde, entonces ya todo valía. Al fin y al cabo, ¿no tenía yo como madre el derecho, incluso el deber, de imponerle disciplina?

Por mucho que me dijera a mí misma que mi hija «merecía» ser castigada, yo era consciente de que mi reacción ante los juguetes tirados por el suelo era desproporcionada y tenía más que ver con mi necesidad de controlar que con sus acciones. Así que me sentí mal por haber explotado y le prometí que no volvería a enfadarme tanto con ella. Es decir, hasta la siguiente ocasión en que hiciera otra travesura y yo no pudiera contenerme.

Si mi hija se descontrolaba, me descontrolaba *yo* también, una y otra vez. Notaba que se me endurecía el pecho, se me estrechaba la garganta, apretaba la mandíbula, como si en cuestión de segundos me hubiera metamorfoseado y hubiera pasado de ser una mamá amable a una tirana enfurecida.

Antes de ser madre, jamás me había imaginado capaz de estos arrebatos. Si en un momento dado me ponía furiosa, al cabo de un instante me repugnaba la manera en que había hecho daño a mi hija; mi cólera me desconcertaba.

Como psicóloga y terapeuta considero que, al igual que yo, mis pacientes tienden a engancharse al control. Si algo va mal o nos vemos empujados en exceso, perdemos el equilibrio. Después siempre lo lamentamos, desde luego, y quizá nos sentimos avergonzadísimos o culpables por la ira y el abuso de poder. Sin embargo, cuando nuestros hijos no hacen lo que necesitamos que hagan, no conocemos otro sistema para que nos hagan caso. Es como si tuviéramos las emociones metidas en una batidora, y sin control sobre el selector de velocidad.

Cuando yo experimentaba una pérdida de control así, era como si me hubiera metido en una cápsula del tiempo que me transportase a mi infancia. De repente volvía a tener cuatro años, pateaba, me enrabietaba, desesperada por salirme con la mía. La razón por la que me veía actuando de esta forma tan intensa con mi hija era que la situación que vivía en ese momento estaba despertando emociones de mi pasado. Tengo recuerdos vívidos de episodios de mi infancia en que iban a venir invitados a cenar y mi madre se hallaba en un estado de pánico total. Aunque me molestaba lo controladora que se ponía en estas ocasiones, yo fui interiorizando sus sentimientos. Acechando justo bajo la superficie de mi civilizado barniz, estas emociones resucitaban con mi hija, lo que trastocaba mi cordura y secuestraba toda razón.

Los patrones de conducta que vemos en la infancia acaban siendo la plantilla de nuestro propio estilo parental. El modo en que nuestros padres nos hicieron sentir permanece en nuestro interior como algo no resuelto, y acaba convirtiéndose en la lente mediante la cual interpretamos el comportamiento de los hijos. En otras palabras, gran parte de nuestra manera de interaccionar con los hijos está regida por lo que solemos denominar el «subconsciente».

En cierta medida, todos somos esclavos del pasado, y nuestros hijos tienen una habilidad especial para hacer aflorar esto. Ello se debe a que, aunque los episodios precisos que nos dejaron huella parecen olvidados, siguen manejándonos de forma inconsciente hasta que nos enfrentamos a ellos y resolvemos las emociones que los rodean. No es de extrañar que, en mi labor como terapeuta, me encuentre a menudo con hombres y mujeres de cuarenta, cincuenta y sesenta y tantos años que todavía están atrapados emocionalmente en la infancia, incapaces de librarse del eco de la furia, las humillaciones, la negligencia o el control de sus padres.

Los patrones de conducta que vemos en la infancia acaban siendo la plantilla de nuestro propio estilo parental.

Cada conflicto de nuestra vida actual —sea con los hijos, el cónyuge u otros adultos— es, en cierto modo, una recreación de la infancia. Todas las relaciones e interacciones se basan en un prototipo procedente de nuestra propia educación. En cierto modo, es como si en la habitación no hubiera adultos; solo somos niños que se portan mal. Cuando se trata de estilos parentales, en muchos aspectos somos *niños que educan a niños.*

Janet es un ejemplo de lo que digo. Las cosas llegaron a estar tan mal entre ella y su hijo de diez años que cada vez que aparecía él, ella notaba que se ponía tensa, temerosa de que se produjera el consabido conflicto. Rastreando esta sensación en la terapia, se dio cuenta de que estaba experimentando la misma impotencia que en el pasado sentía con su padre, que la había golpeado con frecuencia. Al cabo de los años, la bulliciosa energía «típicamente masculina» de su hijo estaba removiendo aquel pasado no resuelto.

Sin darse cuenta, Janet reaccionaba ante su hijo como si él fuera su padre, razón por la cual se ponía de inmediato a la defensiva. Sus peleas casi diarias solo servían para consolidar la creencia de que el hijo era un tirano, una imagen masculina que tenía más que ver con el padre que con el hijo. En otras palabras, un patrón de conducta establecido décadas antes con sus padres marcaba la pauta en el momento en que era ella quien debía educar.

De mayores, los niños que han sido dominados o bien dominan, o bien son dominados. Por este motivo durante generaciones ha prevalecido la idea del derecho de los padres a dominar y controlar, sobre todo el derecho del padre a «decidir» en nombre de la familia, fenómeno al que solemos referirnos como «patriarcado».

Me lo contaba así una paciente de cuarenta y tantos años: «Cuando yo era pequeña, mi madre me decía a veces: "Tu padre es el amo y señor de la casa." Mi hermano y yo la creíamos. La mirada enojada de mi padre garantizaba conformidad con el modo en que él decía que debían ser las cosas. No hace falta acariciar muchas veces la suave mejilla de un niño para que el mensaje llegue a destino. Incluso la mandíbula apretada de mi padre acabó bastando para que yo acatara cualquier orden. Otra máxima favorita de mi familia era la típica "a los niños no se les tiene que ver ni oír". Para mí, la relación entre padres e hijos estaba clara: más me valía obedecer. En una situación dada, mis preferencias no aparecían en el radar de nadie, ni siquiera en el mío. En retrospectiva, he vivido la mayor parte de mi vida sin ser consciente de tener alguna opción en alguna cosa. Culpar a alguien o algo "de fuera" acabó siendo un acto reflejo, como respirar.»

Generaciones de todo el mundo han suscrito un enfoque parental según el cual, por razones de edad y experiencia, los padres se encuentran en lo alto de una pirámide y el niño, por defecto, abajo. La idea predominante es que los niños deben encajar en el mundo de los padres, no al revés.

A menudo oigo frases como: «Son mis hijos, y yo decido qué es bueno para ellos.» Muchos creen que, como hemos traído los hijos al mundo, somos sus dueños. Como si fueran una de nuestras posesiones. Esta noción errónea estimula la idea de que tenemos derecho a darles órdenes. Partiendo de esta idea viciada, justificamos la coacción, la manipulación y hasta el castigo físico. Como es lógico, lo expresamos como «enseñanza» y creamos una filosofía denominada «disciplina punitiva», para lo cual ideamos estrategias, técnicas y trucos de lo más extravagantes. Se han escrito muchos libros sobre el tema. No obstante, si tenemos suficiente valor para admitirlo, todas las formas de disciplina son solo pataletas disfrazadas. ¿Has pensado alguna vez que buena parte de lo que denominamos «disciplina» no es más que un niño adulto enfadado que ha perdido los estribos?

A menos que asimilemos la premisa de que la opresiva disciplina punitiva se basa en nuestra ilusión de superioridad sobre los hijos, las peleas cotidianas debidas a la conducta que se producen en casa, en el aula, en el patio de recreo o en los conflictos en el mundo entero no menguarán un ápice. De hecho, este enfoque autoritario de la crianza de los hijos es en buena medida responsable del mundo tal como lo conocemos, sea en el caso de una mujer de edad madura que no ha seguido nunca su propia voz porque su padre insistía en que él «mandaba», el de dictadores que tiranizan a sus súbditos, o el de países que someten a otros en un conflicto internacional. El origen de la disfunción que experimentamos como individuos, como países o como mundo en general reside en la convicción de que las personas han de estar controladas; convicción que, con independencia de la cultura o de la procedencia geográfica, determina nuestro estilo parental. La disciplina tiene que ver con la necesidad de dominar, y esta dominación es responsable de gran parte de la angustia emocional que ha caracterizado a nuestra especie durante eones.

Si observamos a la mayoría de los supuestamente «grandes» hombres del pasado, vemos que en muchos casos eran tiranos que pretendían conquistar. Alcanzaron su «grandeza» mediante el control, a costa de los sometidos. Tanto si hablamos de Alejandro Magno o de Napoleón, o de imperios como el romano o el británico, estaban impulsados por la necesidad de controlar y dominar.

Al igual que casi todo el mundo evalúa la «grandeza» en función de cuánto control consigue un líder, también los ciudadanos «buenos» —como los niños «buenos»— son quienes obedecen. ¿Y cuáles son los ciudadanos más dóciles? ¿No son los militares, que funcionan exclusivamente mediante órdenes y valoran la disciplina por encima de todo? En un mundo centrado en la disciplina, la conducta uniforme es el patrón oro.

Pese a ello, de vez en cuando surge en la escena mundial un líder que mejora espectacularmente el bienestar de otros seres humanos. Aunque estos personajes no han abundado mucho en la historia, ¿quién no querría que su hijo llegara a ser un dirigente realmente bueno... acaso uno que promoviera la paz, la prosperidad y el bienestar? ¿Quién no va a querer que su hijo llegue a ser un librepensador o un pionero, original e innovador? ¿Quién no desearía que su hijo se mantuviera fiel a sí mismo y no se convirtiera en una persona sumisa, fácil de manipular y controlada por otras?

Decimos que queremos estas cosas para los hijos, pero nuestra adicción a la disciplina sabotea precisamente los objetivos que establecemos para ellos. Una dieta de control, obediencia y conformidad garantiza o bien mediocridad y aceptación de lo banal, o bien dictadura y tiranía.

En muchos aspectos, algunas partes de nuestro mundo han superado la Edad Media a través del Renacimiento hasta llegar a una era más progresista. Ya no ponemos a personas en el cepo ni las quemamos en la hoguera porque tengan creencias religiosas distintas de las nuestras, y la mayoría no pensamos que la enfermedad sea un castigo de Dios. Nuestra época es mucho menos jerárquica y más democrática que cualquier otra que haya existido en el planeta hasta ahora.

Aunque hay una creciente conciencia de la importancia de valorar a los seres humanos y tratarlos con equidad, así como de la necesidad de cuidar el planeta, cuando se trata de la educación de los hijos la mayoría de nosotros estamos lamentablemente atascados en la Edad Media. Debido a la imposición de disciplina, niños de todo el mundo están sufriendo discriminación a diario, a menudo de manera horrorosa y con resultados trágicos.

Ya es hora, por tanto, de cambiar todo el paradigma del estilo parental, en cuyo núcleo se ancla la errónea idea de la disciplina autoritaria, es decir, «someter» a los niños de forma estricta y rigurosa en vez de trabajar con ellos con un estilo constructivo que los estimule a ser autodisciplinados.

3

¿Es realmente «por el propio bien» de tu hijo?

«Mientras estoy aquí sentada a mis cuarenta y un años y pienso en todas las veces en que me sentí machacada por mis padres —me decía una paciente—, y después de tanto esfuerzo por dejar atrás la cólera, la tristeza y la decepción por cómo me trataron, aún no puedo creer que el mero hecho de pensar en ello me siga provocando un nudo en la garganta y se me llenen los ojos de lágrimas. Al margen del tiempo que haya pasado, y de lo sensata que me haya vuelto, todavía no concibo que un hombre maduro pueda coger a una niña que no ha cumplido los dos años, encerrarla en un cuarto de cemento del sótano, oscuro y húmedo, y decirle lo que van a hacerle los bichos por haberse portado mal, y luego abandonarla ahí por quién sabe cuánto tiempo. Él dejaba que yo gritara, diera puntapiés a la puerta y tirara del pomo. Su única respuesta a mi terror era el sonido de sus pasos perdiéndose mientras subía las escaleras.»

Sin duda, ese padre se engañaba a sí mismo al pensar que daba a su hija una lección muy valiosa. Seguramente imaginaba que, si metía miedo a la niña, la conduciría por el buen camino. Había asimilado la teoría de que, si quieren ser efectivos, los padres han de utilizar estrategias de control opresivas.

Al explicar sus razones incluso de las formas más extravagantes de disciplina, los padres suelen decirme: «Lo hago por el bien de mi hijo.» Y se sorprenden cuando señalo que ningún niño siente jamás que recibir gritos, quedarse castigado sin salir o ser golpeado «sea por su bien». Para ellos, la única conclusión de una interacción así es el resentimiento. Con el tiempo, este resentimiento puede acabar dando lugar a un amargo odio hacia uno mismo que convierta la vida en un caos mientras desciende una nube de baja autoestima, lo cual atrae a personas y situaciones que reflejan lo que piensa el individuo de su propia persona.

Los padres podemos llegar a estar tan ciegos, tan obcecados con nuestros ideales, que causamos a los niños un daño inmenso. Si creemos que algo es por el bien del hijo, para imponerles nuestro criterio somos capaces de llegar a cualquier extremo. Se evidencia lo dañino que puede ser esto en un incidente en que una madre fue condenada a prisión por un mínimo de diecisiete años por haber matado a golpes a su hijo de siete y haber quemado luego el cadáver. El juez explicó que fue la «incapacidad del niño para aprender» ciertos pasajes de un libro sagrado lo que «dio lugar a la paliza que le provocó la muerte». Y hablándole directamente a la madre, prosiguió: «... lo mantuvo en casa, sin ir a la escuela, para que pudiera dedicarse al estudio», lo que incluía «memorizar pasajes». Y el juez añadía: «La causa de la paliza fue la irracional idea de que no estaba aprendiendo los pasajes con suficiente rapidez.» ¿Cuántos otros niños han sido golpeados por no haber aprendido algo en casa o en la escuela?

La madre del niño de siete años tenía, sin duda, una agenda subconsciente en virtud de la cual hacía falta pegarle para que aprendiera. Por «agenda» entiendo lo que pasa realmente por debajo de nuestras acciones y declaraciones superficiales. Su apego a una imagen idealizada de sí misma como buena madre que enseñaba su fe al hijo le hizo perder contacto con la realidad de la edad del niño, su capacidad memorística y tal vez también sus intereses.

Atemorizar a un niño es nefasto... a menos que quieras enseñarle a atemorizar. Nunca haríamos una cosa así, nos aseguramos a nosotros mismos. Sin embargo, no caemos en la cuenta de que incluso las vías aparentemente benignas mediante las que queremos controlar a los hijos son contraproducentes.

Se ha ido imponiendo una nueva oleada de disciplina que recibe los calificativos de «amable» o «consciente». Eso es un oxímoron. Representan un claro intento de no causar daño físico, desde luego, pero suelen ser estrategias encubiertas para inducir la misma conformidad que la disciplina tradicional, solo que con métodos menos agresivos. El efecto de esta disciplina es debilitar el deseo intrínseco del niño de autorregularse.

Con independencia de lo buenas que sean nuestras intenciones, cualquier clase de disciplina hace que los niños se sientan atacados. Detestan la disciplina, no porque lamenten hacer lo correcto, sino porque las amenazas, las presiones y los castigos los rebajan. Notan que intentamos controlarlos y su espíritu libre por naturaleza se siente impotente, casi como en el caso de alguien encarcelado por un crimen que no ha cometido. Cada vez que les castigamos sin salir o les imponemos algún tipo de disciplina, ellos no pueden evitar el deseo de desafiarnos más si cabe para preservar cierta apariencia de dignidad. Cuanto más les atacamos, más rápido el «odio estar castigado» se ve sustituido por el «te odio, odio mi vida, me odio a mí mismo».

Para muchos padres, imponer disciplina es realmente doloroso. Especialmente las madres intuyen de alguna manera que la disciplina opresiva, como dar azotes a los niños, tiene un efecto perjudicial. Por eso, en muchos casos, dejan que lo haga el padre. El problema es que los padres no saben qué más hacer. A menudo se desesperan, lo cual da lugar a que pierdan fácilmente los estribos con los hijos.

No es de extrañar que lo primero que me digan los padres en el taller sea esto: «Enséñeme alguna estrategia para que mi hijo me escuche. ¿Cómo puedo conseguir que obedezca? El enfoque que estoy utilizando no funciona. Ayúdeme.»

Es fantástico que los padres formulen preguntas, pero a veces estas no apuntan a la esencia de la cuestión. No se trata de cómo imponer disciplina, sino de comprender las necesidades de los hijos. El comportamiento de un niño es solo la expresión de sus necesidades, que se dividen en dos categorías: conexión y aprendizaje. La corrección es radicalmente distinta de la conexión. Por desgracia, la corrección está relacionada sobre todo con el castigo; no hay más que fijarse en que a las prisiones las llamamos «correccionales».

Como nos han preparado para interpretar solo la conducta del niño, no lo que subyace a la misma, nos quedamos en el nivel superficial de sus acciones. Por ejemplo, un niño dice: «¡Te odio!» El padre toma la declaración en sentido literal y lo convierte en una cuestión personal, lo que da lugar a una reprimenda. En cambio, si el padre mirase más a fondo intentando entender las razones del arrebato del chico, quizá descubriría que este fue acosado en la escuela, se siente nervioso por un examen inminente o está disgustado por haber sido castigado antes injustamente. También cabe la posibilidad de que solo esté cansado o tenga hambre.

En vez de reaccionar emocionalmente, el padre necesita descifrar con calma el significado que subyace bajo la conducta, prescindiendo del contenido del estallido del niño. La clave está en que el padre permanezca centrado, que el comentario no lo confunda, para así poder sondear cuidadosamente el problema real.

El papel de los padres consiste en ayudar al niño a aprender por sí mismo. Pero ¿cómo va a aprender si está instalado en la actitud defensiva, cuando no en el resentimiento o incluso el odio declarado? Lo último que quiere hacer un niño que se siente así es aprender. Solo piensa en vengarse de sus padres... o en alejarse de ellos.

En otras palabras, *la disciplina se traduce en mal comportamiento*. Los sentimientos que se han generado en el niño se proyectan ahora al exterior en una conducta disfuncional. De esta forma, la disciplina acaba siendo el origen de lo que los padres consideran «rebeldía».

La disciplina falla el tiro, eso es todo. El problema no es si es preciso imponer disciplina o cómo hacerlo, sino si de verdad estamos interaccionando con nuestros hijos. Según mi experiencia clínica, por desgracia pocos padres saben interaccionar. De hecho, muchos se sienten aislados de los hijos, que los excluyen de su mundo, sobre todo cuando los niños llegan a la adolescencia, pues los años de desconexión llegan, finalmente, a un punto crítico.

A la larga, el mensaje que captan los hijos cuando les amenazamos, sobornamos o castigamos no es que nos preocupamos por ellos o que tenemos interés en lo que están aprendiendo. Nuestros continuos ataques a su integridad menoscaban su dignidad natural y solo pueden entender lo siguiente: «Seguramente soy tan malo que merezco ser castigado.» Lo que a continuación se traduce en sentimientos de odio hacia sí mismos, falta de autoconfianza, vergüenza y culpa: unas condiciones que no son exactamente las más idóneas para el aprendizaje.

Cuando los niños reciben el mensaje de que su conducta es más importante que sus sentimientos, es como si estuviéramos diciéndoles esto: «Lo que sientes no importa, porque en realidad tú no im-

Como la disciplina se centra en la conducta, no en los sentimientos que la dirigen, dificulta precisamente lo que intentamos conseguir.

portas. Lo único importante es lo que yo veo.» Como nos concentramos en el comportamiento y no en los sentimientos, se inicia la desconexión.

Lo que quiero señalar en especial es que la conexión con los hijos se produce siempre en el nivel de los sentimientos. Creemos que tiene que ver con la conducta, cuando en realidad tiene que ver con cómo se siente el niño en nuestra presencia. Si no estamos conectados con sus sentimientos, jamás seremos capaces de conectar en lo relativo a la conducta. Imagina que ves a tu hijo muy implicado en alguna clase de juego, pasatiempo, dibujo o cualquier cosa que le guste hacer. Ahí tenemos esa mirada de atención y concentración. ¿Tienen este aspecto cuando se les impone disciplina? Como la disciplina se centra en la conducta, no en los sentimientos que la dirigen, dificulta precisamente lo que intentamos conseguir.

Si imponer disciplina es contraproducente, ¿cuál es para los niños el mejor sistema de aprendizaje? Aprenden solo cuando se sienten conectados con nosotros, lo cual favorece la aceptación tranquila y la receptividad abierta. Si se notan lastimados, asustados, enfadados o resentidos, estos sentimientos obstaculizan su inclinación natural a aprender. Entonces acabamos insistiendo continuamente en asuntos como el de recoger los juguetes, ordenar la habitación o hacer los deberes.

¿A alguno de nosotros le gusta de veras que le impongan disciplina? Sea en el ámbito de la vida privada o en el laboral, ¿verdad que nos da miedo que una autoridad nos reprenda? Piensa en cómo te sientes, por ejemplo, si tienes la mala suerte de recibir una carta donde se te comunica que Hacienda te va a hacer una inspección. ¿Por qué vas a temer la llegada del inspector si has pagado religiosamente todos tus impuestos? Pues le tenemos miedo porque sabemos que el inspector viene con intenciones acusatorias y ganas de encontrar fallos.

Un inspector tratará de descubrir cosas anómalas aunque todo esté bien.

A los que trabajamos fuera de casa, ¿no nos fastidia que el jefe nos mande llamar al despacho para una reunión «disciplinaria»? Sabemos de qué va, y tenemos miedo. En ese momento, ¿estamos pensando en cómo crecer como personas, en aprender a hacer las cosas mejor, en ascender en la empresa? No; lo único que nos pasa por la cabeza son excusas para protegernos. Después de que nos hayan «disciplinado», abandonamos el despacho avergonzados, si no humillados. Lo más probable no es que nos precipitemos al escritorio a celebrar nuestra dedicación a la empresa, sino que nos revolquemos un rato en la sensación de haber sido malinterpretados, de haber sido tratados injustamente, y que mantengamos la cabeza gacha. El jefe apenas sospecha que ha disminuido el amor a nuestro trabajo, que la acción disciplinaria ha generado una sensación de amargura, por lo que al final solo acabamos deseando «encontrar otro trabajo en el que me valoren».

Cuando los padres enfocan la labor parental con la actitud de que, si el hijo ha de aprender, ha de ser a base de disciplina, el niño no solo se siente controlado, sino además, en muchos casos, inútil. Ello se debe a que la disciplina inevitablemente pone de relieve, y por tanto refuerza, cualquier punto débil que pueda tener la persona. De esta manera, sin darnos cuenta, somos cómplices de la creación de una conducta que acabamos castigando.

4

Dejemos que las consecuencias hagan su trabajo

«Si no puedo sobornarles ni castigarles, ¿cómo consigo que mi hijo haga lo que yo quiero? —pregunta un padre—. Esto seguramente tendrá *consecuencias* negativas, ¿no?»

«Habrá consecuencias, en efecto —explico yo—. De hecho, las consecuencias son precisamente el modo en que un niño aprende a autorregularse y ser responsable. Pero que quede claro lo que entendemos por "consecuencias". En esencia, son algo distinto del castigo.»

Un niño me dice esto: «Si no escucho a mi mamá, me van a aplicar consecuencias.» Al preguntar yo qué clase de consecuencias, me dice algo así: «No podré ir a mi día de juegos.»

Y pregunto esto: «Entonces, ¿el último día de juegos pasó algo malo y tu mamá decidió que no te dejaría ir a otro?»

«No —contesta el niño—. No, el día de juegos fue muy divertido. Pero mi mamá dice que yo no le hacía caso.»

Quizás al hablar de «consecuencias» en vez de «castigo» estemos cambiando la terminología, pero el caso es que esta mamá sigue castigando a su hijo. Parece no tener pistas de lo que significa *permitir que las consecuencias iluminen al hijo*. Un niño capta el mensaje solo cuando percibe las consecuencias de su conducta. Si imponemos un castigo, él no recibe el mensaje, simplemente se siente contrariado. La diferencia entre estos dos enfoques es la clave para que el niño llegue a autodisciplinarse.

No podemos limitarnos a cambiar la terminología y esperar un resultado distinto. Lo que debe cambiar es la metodología. Al margen de que lo llamemos «disciplina» o «consecuencias», el sistema sigue siendo punitivo, luego es solo castigo con un nombre más benigno... y los niños no se dejan engañar. El castigo ahora llamado «consecuencias» sigue siendo castigo, y ellos lo saben.

Si eres uno de esos padres para quienes la palabra «castigo» ha llegado a ser un término que debe evitarse, seguramente suscribirás la idea de las «consecuencias». No puedo menos que sonreír cuando un paciente me dice esto: «¿Qué consecuencias debo aplicar a mi hijo por este comportamiento?» El problema concreto acaso sea el de no hacer los deberes, negarse a comer ciertos alimentos, resistirse a ir a la cama, ser descarado, etcétera. Entonces pregunto yo: «¿Qué quiere decir con eso de "aplicar" a su hijo una consecuencia?»

La idea de «aplicar» consecuencias parte de un concepto erróneo. Nosotros no aplicamos consecuencias. Estas no son algo que escojamos, como si estuviéramos deambulando por los pasillos de un supermercado y llenando el carrito de la compra. Una consecuencia es algo que se incorpora *automáticamente* a una situación sin que nosotros tengamos que «hacer» nada en absoluto. En cuanto imaginamos que hemos de «aplicar» una consecuencia al niño, lo cual nos exige pensar en una, ya nos hemos trasladado al ámbito del castigo.

Las consecuencias son naturales, lo cual significa que están directamente relacionadas con la situación concreta. Cabría decir que son consustanciales. Al padre se le pide solo que permita a la consecuencia producirse... y eso es lo realmente difícil. Estamos tan acostumbrados a imponer «lecciones» a los hijos, que el hecho de permitir que la lección surja de la situación de forma natural da la impresión de ser contraintuitivo.

Alejarnos de la disciplina nos exige aprender a dejar que las consecuencias naturales corrijan la conducta de un niño. Mientras que la disciplina es contraproducente, exponer al niño a las consecuencias de sus acciones es un medio eficaz para que aprenda por sí mismo.

Todas las conductas tienen consecuencias naturales: resultados positivos o negativos que o bien mejoran la calidad de la vida cotidiana, o bien dificultan las cosas. Permitir que las consecuencias naturales sigan su curso no es en absoluto algo punitivo, sino simplemente una parte necesaria para ayudar a un niño a crecer.

Las consecuencias no suponen coacción ni sometimiento del niño a nuestra voluntad. Nuestro propósito ha de ser centrarnos siempre en ayudar a los hijos a responder a las consecuencias de sus acciones desarrollando mediante nuestro estímulo y guía mejores destrezas vitales que partan de sus propios recursos. Este enfoque del estilo parental requiere un gran discernimiento por parte de los padres, algo que no siempre se produce fácilmente, si bien es un aspecto esencial de la crianza efectiva. El progenitor ha de aprender a dar un paso atrás y dejar que la vida lleve a cabo su labor didáctica.

> Estamos tan acostumbrados a imponer «lecciones» a nuestros hijos, que permitir que la lección surja de la situación de forma natural da la impresión de ser contraintuitivo.

Las consecuencias tienen que ver con la causa y el efecto. La mayoría de los padres consideran que están dando una lección a sus hijos sobre la causa y el efecto, pero en realidad están haciendo cualquier cosa menos esto. La relación de causalidad es una de las leyes fundamentales del universo. Y sugiere que todas las acciones son interdependientes: cada una de ellas es causada por algo y pone en marcha algo más. La única razón por la que los niños no aprenden a ser autodisciplinados es que no ha habido un emparejamiento causa-efecto lo bastante efectivo. La explicación más habitual es la interferencia de los padres.

Ilustraré lo que quiero decir. Si vertemos demasiada agua en un vaso, provocamos el efecto de que rebose. Esto nos enseña a no echar tanta agua la próxima vez. Si tocamos un hornillo, el efecto es que nos quemamos. Esto nos enseña a ir con cuidado y no tocar un hornillo caliente. Si mientras conducimos no estamos atentos, sufrimos un accidente. Esto nos enseña a prestar atención cuando estamos al volante. Al margen de la frecuencia con que otros nos hayan advertido acerca de estos peligros, en general solo «los captamos» cuando los experimentamos de primera mano.

Un ejemplo de las maneras en que cortocircuitamos el efecto de las consecuencias es que, en nuestro deseo de impedir que los niños derramen el agua, cada vez que cogen un vaso para llenarlo les explicamos que no deben llenarlo hasta el borde. Las consecuencias son algo que los niños aprenden de forma natural, siempre y cuando el progenitor no los salve del efecto. Si no intervenimos, los niños desarrollan automáticamente autodisciplina, confianza en sí mismos y cierto sentido de la responsabilidad.

La *única vez* que debemos impedir que una consecuencia natural tenga efecto es si hay peligro real, como cuando un niño está a punto de cruzar una calle transitada, tragarse un producto tóxico, o hacerse daño o hacérselo a otros de alguna manera. En otras palabras, hay consecuencias que son intrínsecamente perjudiciales para los niños por razones que estos quizá no conozcan o no entiendan. En estas circunstancias, los padres han de intervenir.

Aparte de este tipo de situaciones, la regla es que es preferible no entrometerse. Esto no elimina la necesidad de un padre de preparar a su hijo para las consecuencias de la vida de la mejor forma que pueda. Los padres tienen derecho a avisar, a ayudar a su hijo a comprender que sus acciones pueden tener consecuencias negativas. No obstante, si el hijo rechaza los consejos de los padres, es importante que estos tomen distancia y permitan que las consecuencias naturales lleven a cabo su trabajo.

Para el progenitor lo más difícil es ser paciente, pues las consecuencias no siempre enseñan una lección al instante. A veces la vida debe subir la apuesta antes de que un niño aprenda. Por ejemplo, a lo mejor un niño vierte agua varias veces mientras aprende a llenar un vaso. Si en todas las ocasiones tiene que limpiar el líquido derramado, aprende a ir con más cuidado... suponiendo, claro está, que sea lo bastante mayor para haber desarrollado las habilidades motoras y la coordinación muscular requeridas para verter agua en un recipiente. En el caso de un hornillo, puede que un niño lo toque y no vuelva a hacerlo, mientras que otro quizá lo toque tres o cuatro veces antes de aprender que no debe. Si el padre no interviene para salvar al hijo de las consecuencias —dando desde luego por sentado que no hay peligro de lesiones ni de muerte—, el chico aprenderá. Ello se debe a que la vida, de forma natural, nos ayuda a mejorar nuestro modo de funcionar.

En muchos casos, observo que a los padres les ha costado mucho entender la diferencia entre consecuencias naturales, que son los efectos de las acciones del niño, y las imposiciones artificiales, que se encuadran bajo el epígrafe de «consecuencias». Para precisar la diferencia, tomemos el ejemplo de un niño al que, como no hace sus deberes escolares, se le prohíbe ver su programa de televisión favorito. ¿Es una consecuencia natural del comportamiento del niño o un castigo impuesto de forma arbitraria? Bueno, vamos a ver:

¿Dice el niño a sus padres: «Vaya, he aprendido realmente algo de esto. ¡No volveré a hacerlo!»? ¿O más bien está molesto con ellos y los considera personas que no le dejan disfrutar? Aquí la verdadera solución no es castigar al niño ni protegerlo mediante, por ejemplo, un exceso de clases particulares, sino exponiéndolo al efecto de su propia falta de motivación. Esto quizás adopte la forma de malas notas, lo que permite al niño experimentar su fracaso a la hora de responder a su deseo intrínseco de tener éxito, sensación muy distinta de lamentar la necesidad de logro impuesta por los padres.

Si un niño falta al respeto, quizá le digan que no puede ir a la fiesta de cumpleaños de su amigo en la pista de patinaje. Si un niño pega a otro, a menudo recibe una bofetada del padre «para enseñarle que no debe pegar». Si un niño llega a casa con un suspenso, tal vez le sea requisado el móvil. Si un niño miente, quizá tendrá el ordenador apagado toda la semana. Esto no son consecuencias, sino castigos. No tienen nada que ver con las acciones del niño y no acontecerán de manera natural a menos que las impongamos. (En el próximo capítulo te explicaré con qué tiene que ver... ¡pero si te atreves a saltarte las páginas... habrá «consecuencias»!)

Las consecuencias artificiales no funcionan porque el niño no las entiende, no es capaz de conectar con ellas porque son ilógicas y le han sido impuestas de manera arbitraria. Digo a los padres que, a menos que una consecuencia sea de veras una consecuencia y no un castigo, siempre saldrá mal y, por tanto, perpetuará la mala conducta, además de provocar una grieta entre los padres y el hijo.

He dicho que los padres aplican «consecuencias» de modo arbitrario. Utilizo la palabra «arbitrario» adrede, pues las «consecuencias» impuestas por los padres pueden incluir privilegios de televisión, ordenador, teléfono móvil, ir a una fiesta, quedarse sin salir, azotes, etcétera, dependiendo exclusivamente del estado de ánimo de los padres en el momento concreto. La denominada «consecuencia» puede ser severa un día y mínima al siguiente. Esto no es una *consecuencia* ni nada. Las consecuencias naturales son siempre coherentes: si tocas un hornillo caliente, te quemas.

Cuando se impone algo en vez de respetar lo natural, a largo plazo no funciona, nunca. Las «consecuencias» artificiales no enseñan al niño nada sobre la vida real, pues no son las de la vida real sino las establecidas por los padres a su peculiar modo.

Seguir el camino natural permite a los hijos aprender que toda acción suscita una reacción. Salirnos de la ecuación y dejar que experimenten los resultados de su conducta les ayuda a desarrollar una relación significativa con su mundo. Como ya no estamos en medio, interfiriendo entre ellos y sus experiencias, no nos ven como un enemigo al que oponer resistencia sino como un aliado en el que pueden encontrar consuelo, ánimo y guía.

5

Rescatar a los hijos enseña irresponsabilidad

¿Por qué utilizamos imposiciones arbitrarias como herramienta didáctica en vez de permitir que las consecuencias naturales de una situación lleven a cabo su labor?

La explicación es simplemente que, ante la situación de no poder controlar el devenir de la vida de nuestro hijo, nos sentimos desamparados. Y la sensación de desamparo provoca ansiedad. Debido a ello recurrimos a subyugar la autonomía del niño partiendo de la falsa creencia de que, si dirigimos su vida, el resultado será más seguro. En otras palabras, ejercer el control jerárquico sobre un niño es un intento de eliminar el riesgo en la precaria naturaleza de la vida.

La fuerza que nos empuja a introducir disciplina en vez de permitir que las consecuencias naturales actúen no es solo nuestra ansiedad, sino también la de los hijos. De hecho, su ansiedad sobre las consecuencias de sus acciones agrava la nuestra. Lo he comprobado en mí misma innumerables veces, y también en muchos de mis pacientes.

Por la mañana, Nicole, de once años, solía hacerse la remolona, por lo que perdía a menudo el autobús. Preocupada por evitar que su hija recibiera una reprimenda en la escuela, la madre rescataba a Nicole y la acercaba en coche. Cuanto más pasaba esto, lo que exigía que la madre alterase su rutina matutina, más se hartaba esta de la lentitud de Nicole. No obstante, mantuvo su conducta rescatadora con la esperanza de que alguno de sus sermones durante el trayecto daría fruto y al día siguiente Nicole llegaría milagrosamente a tiempo para coger el autobús.

Un buen día la madre reparó en que estaba actuando en connivencia con la incapacidad de Nicole para afrontar la realidad de que el tiempo es limitado y es preciso aprender a gestionarlo. La explicación de que la madre fuera reacia a terminar con la connivencia era su propia necesidad de proteger a su hija de un mundo en que los niños están sometidos a una presión constante. Cuando se dio cuenta de que estaba haciendo un flaco favor a su hija, toda vez que hay presiones en la vida que son inevitables, modificó su enfoque. Aceptó que aprender a llegar al autobús a tiempo es simplemente una destreza que hemos de desarrollar; de lo contrario adquirimos el hábito de no respetar los horarios de otras personas.

Lo primero que hizo esta madre fue preguntarse si Nicole carecía de las habilidades para organizar sus rutinas matutinas, o si por el contrario la niña era realmente capaz de gestionar su tiempo pero no veía la necesidad de hacerlo, pues la madre la protegía de las consecuencias. Es crucial que los padres determinen si un niño se comporta de una manera concreta debido a la falta de habilidad para manejar la situación, o si nunca ha captado el problema resultante de su incapacidad para comportarse de una manera adecuada a la situación.

En este caso, la madre cayó en la cuenta de que Nicole sí tenía capacidad para organizarse la mañana, pero no sentía la necesidad de gestionar bien su tiempo porque mamá, a quien había llegado a considerar su chófer, siempre la llevaría en coche. Estaba claro que la madre había establecido para su hija una dinámica malsana que solo ella podía romper. No era culpa de Nicole. Era el hecho de que la madre había interferido en su proceso de aprendizaje proporcionando una realidad artificial. Debería haberlo entendido antes, dado su resentimiento por tener que llevar a la niña a la escuela. La realidad era que si Nicole perdía el autobús, era ella —no la madre— quien debía experimentar la ansiedad provocada por su conducta.

La ansiedad no se puede evitar del todo, pues es consustancial al vivir y al respirar. Como bebés, nos sentíamos ansiosos cuando teníamos hambre, y entonces llorábamos pidiendo leche. Si nos sentíamos solos, la ansiedad creciente nos hacía llamar a los padres para que nos consolaran. Si la ansiedad se experimenta así, inducida de forma natural, puede servir como un poderoso agente de crecimiento.

La tarea de los padres no consiste en eliminar la ansiedad, sino en controlarla para que no peque por exceso o por defecto. Lo cual requiere reconocer que ciertos niños son más sensibles y frágiles que otros mientras procuramos no inocular nuestros propios miedos a la situación. Con la orientación parental adecuada, los niños, mientras maduran, aprenden a administrar su ansiedad. Los padres han de darse cuenta de que no solo está bien que los niños experimenten las ansiedades naturales de la vida, sino que es algo realmente beneficioso, de nuevo haciendo la salvedad de que quizá sea necesaria una intervención adecuada para garantizar que no haya ninguna sobrecarga.

Si los padres endosan sus ansiedades a los hijos o los protegen de la ansiedad que conllevan las consecuencias naturales de su comportamiento, les roban su resiliencia inherente. En cambio, si los niños sienten la ansiedad apropiada, como cuando un problema parece especialmente exigente, buscan soluciones de manera natural.

Mientras esta madre estuvo dispuesta a adelantarse al proceso natural, Nicole eludió la lucha que implicaba el aprendizaje de la gestión del tiempo. Al advertirle la madre de que ya no sería más su chófer y que era importante que cogiera el autobús, Nicole fue capaz de descubrir sus virtudes organizativas innatas. A fin de prepararla para el cambio, la madre practicó la rutina matinal con ella varias veces para eliminar cualquier tipo de problema. Este es el proceso para enseñar a un niño.

Es importante comprender que, si no garantizamos que los niños desarrollen las destrezas adecuadas, estamos preparándoles para el fracaso. En cambio, la enseñanza crea el marco adecuado. El juego de roles es una valiosa técnica que utilizo tanto con los hijos de mis pacientes como con mi propia hija con el fin de ayudarles a desarrollar su capacidad para afrontar distintas situaciones. A menudo me pillaréis en mi consulta representando una y otra vez primeros días de escuela, situaciones sociales, gestión de los deberes escolares o rituales para la hora de acostarse. Mediante la práctica, los niños acaban siendo expertos en el manejo de sus circunstancias.

Cuando Nicole se despertó la mañana que en principio debía llegar a tiempo para coger el autobús, la madre no llevó a cabo su entrometida conducta habitual de ayudarla a terminar las cosas a tiempo. Lo dejó todo en manos de Nicole y se hizo a un lado. Como era de esperar, la niña perdió el autobús. En vez de correr, con el abrigo y las llaves del coche en la mano, la madre anduvo indolente en pijama de un lado a otro, tomando sorbos de su taza de café. Nicole tardó un minuto en darse cuenta de que esa mañana mamá no iba a llevarla en coche. Le entró el pánico y rompió a llorar: «Oh, mamá, ¿qué será de mí? Estoy hecha un lío. Tienes que ayudarme.» Aunque era incómodo observar que la ansiedad iba en aumento, la madre sabía lo importante que sería para Nicole asimilar las consecuencias naturales de su lentitud. Dejó a la niña con su desconsuelo durante unos buenos cinco minutos, conectando para ella causa y efecto, pero no de una manera sentenciosa, sino con un tono tranquilizador. De pronto sugirió: «Pensemos en alguna solución.»

Al cabo de unos instantes, Nicole dijo como si tal cosa: «Las clases ya habrán empezado, así que mejor voy a la administración y pido un justificante.» Nicole obtuvo ese día el justificante y no volvió a perder el autobús.

La razón por la que Nicole aprendió en un día lo que su madre había sido incapaz de explicarle a lo largo de varias semanas es que esta se salió de la ecuación, lo cual permitió que surgiera la consecuencia natural: el mejor maestro. Observo que muchos padres no están dispuestos a hacer esto porque han invertido mucho en su imagen de «padre bueno» que nunca haría sufrir a sus hijos. ¡Ojalá vieran la ironía de su postura! Como prefieren proteger al hijo contra la ansiedad de afrontar las consecuencias de sus acciones, le niegan la posibilidad de que la vida estimule su crecimiento. Si sumamos a esto los gritos y reprimendas que se producen, la ansiedad tanto del niño como de los padres se dispara.

A estos padres que suelen llevar a los niños a la escuela en coche porque llegan tarde les digo que, si no están dispuestos a permitir que las consecuencias surtan efecto, al menos deberían acompañar al niño a la escuela con calma y sin quejas. Reprender a los niños por su conducta al tiempo que les ayudamos y secundamos es agravar el daño que estamos haciendo.

Estamos hablando de *coherencia*. Los libros sobre disciplina hacen hincapié en la coherencia. También yo quiero hacerlo, pero me refiero a algo muy distinto de lo que explican estos libros. Para los padres, coherencia significa que deben hacer valer continuamente su voluntad. Sin embargo, la coherencia no tiene que ver con la frecuencia con que decimos a los hijos lo que deben hacer; significa más bien que lo que digamos concuerde con nuestros sentimientos más profundos y la realidad de la situación.

> Reprender a los niños por su conducta al tiempo que les ayudamos y secundamos agravar el daño que estamos haciendo.

La coherencia requiere claridad respecto a las intenciones y alineamiento con la realidad de la situación. Si nos alineamos con el «tal cual», nuestras palabras transmiten una autoridad natural.

Con Nicole y el autobús escolar, la madre no dejaba claras sus intenciones ni estaba alineada con la realidad. Por eso se mostraba débil, fluctuando entre disgustarse con Nicole y querer protegerla. La ansiedad le impedía ver las consecuencias naturales del comportamiento de su hija pese a tenerlas justo delante de sus ojos. Había estado mandando a la niña mensajes contradictorios, lo que para los niños es demoledor. ¿Cómo vamos a enseñarles si estamos contradiciéndonos sin parar? Solo en la medida en que las interacciones con los hijos sean conscientes, y no estén impulsadas por nuestra propia confusión, podremos enseñar de manera efectiva.

Cuando los padres han comprendido que las imposiciones artificiales son radicalmente diferentes de las consecuencias naturales, es importante que identifiquen las consecuencias naturales en una situación dada, y a continuación hagan uso de la coherencia al permitir que dichas consecuencias tengan su efecto. Por ejemplo, si un niño pinta la pared, la corrección efectiva no pasa por quitarle las pinturas o tiempo de ordenador. Lo que hemos de hacer es lo que la situación exige de forma natural, es decir, que el niño aprenda a limpiar la pared y a pintar en superficies adecuadas. Si un niño no come, tendrá hambre a menos que él y los padres busquen soluciones para opciones alimentarias válidas para ambas partes. Si un niño no hace los deberes escolares, tendrá que vérselas con el profesor al día siguiente y quizá perderse el recreo. Si un niño no se duerme, a la mañana siguiente deberá levantarse temprano y aguantar su somnolencia.

Como se ve, en cada caso la consecuencia surge fácilmente de la situación y enseña al niño mediante *feedback* directo de su entorno. El *feedback* directo e inmediato es el mejor maestro. Su eficacia siempre supera a la de la «disciplina» artificial. En realidad, las soluciones son sencillas. Lo difícil es la ejecución, pero solo porque hemos sido condicionados a ejercer la labor parental imponiendo disciplina sin dejar que las consecuencias lleven a cabo su trabajo.

Una situación con mi paciente Judy lo ilustra. Acudió a mi consulta quejándose de diversos problemas con su hijo adolescente, que había empezado a mostrar una conducta peligrosa. «¿Por qué hace estas cosas tan estúpidas?», decía ella. Le expliqué que lo que estaba pasando en ese momento provenía de años de haberle rescatado de las consecuencias naturales de sus acciones. Su actual comportamiento peligroso era solo la culminación de montones de oportunidades perdidas para que aprendiera la relación causa-efecto en cada circunstancia.

Se presentó una ocasión ideal para comenzar a emparejar la causa y el efecto presentados en esa coyuntura. Judy se había pasado horas preparando un divertido fin de semana en la playa para su hijo y el amigo de este, algo que le hacía mucha ilusión. Sin embargo, aunque el hijo era consciente de que no podía conducir, la noche antes salió a hurtadillas de la casa, cogió el coche de la madre sin permiso y acabó teniendo un accidente de poca importancia.

Judy se enfrentaba a un dilema. El coche todavía funcionaba, pero no estaba en buenas condiciones para ir a la playa. ¿Debía dejarlo en el taller y alquilar otro para el fin de semana? Por un lado había invertido en una imagen de sí misma como madre divertida que planifica un rato fantástico para su hijo, pero por otro era evidente que el chico necesitaba experimentar las consecuencias naturales —no punitivas— de sus acciones.

Cuando Judy me pidió ayuda, sin duda estaba pasando por alto la herramienta pedagógica orgánica vital de permitir que la causa y el efecto se desplegaran de su manera más natural. De hecho, su viejo hábito de intervenir para evitar el efecto había contribuido a la crisis del momento. Teniendo esto presente, dirigí su atención a la pregunta clave: «¿Qué necesidad está satisfaciendo usted ahora mismo al ir a la playa? ¿La suya o la de su hijo?»

Se lo expliqué así: «Aunque, como madre, demuestra ser usted bienintencionada al llevarlo a la playa para que se lo pase bien, ahora las cosas han cambiado. Él se ha portado de una manera que requiere de usted una respuesta distinta. La respuesta no ha de ser punitiva, pero sí ha de enseñarle algo a través de las consecuencias naturales de su proceder. Si usted alquila un coche para ir a la playa, él no experimentará las repercusiones de haber cogido el coche familiar sin permiso.»

Judy entendía que, al margen de sus propios deseos, su hijo necesitaba experimentar las consecuencias de sus acciones. Esto era lo que hacía falta para el desarrollo emocional del muchacho, con independencia de lo mucho que le costara a ella ejecutarlo. Para los padres puede ser muy decepcionante dejar que las consecuencias tengan su efecto; pero si queremos ser coherentes, es esencial pasar por ello. Aunque para Judy resultaba difícil desprenderse de su agenda, sabía que ese día debía cancelar el viaje y llevar el coche al taller. De lo contrario, su hijo entendería que podía comportarse de forma irresponsable sin consecuencias.

Cuando la conducta de un niño no está a la altura de las circunstancias, los padres consideran que deben «hacer» algo, sea rescatándole, castigándole, sobornándole o interviniendo de alguna otra manera. Por otra parte, exponer a los hijos a las consecuencias naturales supone para nosotros no hacer tantas cosas y en cambio sí supervisar activamente el modo en que la vida les va enseñando, amén de proporcionarles ánimo y guía cuando ellos lo requieran.

6

Mal comportamiento, morder y pegar: cómo dejar claros los límites a tus hijos

Cuando Sarah, amiga de mi hija Maia, dijo a esta que no podría asistir a su fiesta de cumpleaños por haber sido grosera con sus padres, Maia exclamó muy atinadamente: «¿Y qué tiene que ver esto con mi fiesta?»

Más tarde, Maia me preguntó: «Mamá, ¿tú me harías esto a mí?»

Y yo contesté: «¿Por qué iba a hacerlo? No tiene sentido.»

«Lo siento por Sarah —añadió Maia—. Su mamá es mala.»

La percepción de Maia ha de llegar al fondo de nuestro corazón. Los niños son capaces de descubrir la injusticia de nuestros arbitrarios métodos de interacción con ellos. A decir verdad, muchos padres son efectivamente malos con sus hijos. Sin embargo, no reconocen su maldad porque la camuflan bajo la apariencia de «enseñar al hijo a comportarse».

Maia y yo hablamos sobre cómo habría reaccionado yo si ella hubiera sido maleducada conmigo. «Habríamos comentado el asunto y tratado tu mala conducta en el mismo momento», expliqué.

Y Maia dijo: «¿Como el otro día, cuando cerré la puerta

de mi cuarto de un portazo porque estaba furiosa contigo y luego hablamos de ello y yo lo anoté en mi diario?»

«Exacto», dije.

La mala educación no tiene que ver con la «maldad». Tratar al niño como si fuera malo cuando solo ha sido grosero es errar el tiro. Lo que el niño debe aprender es que la mala educación no es una manera efectiva de relacionarse y no le proporcionará lo que quiere. Cuando un niño se muestra grosero, en vez de replicarle o castigarle hemos de distanciarnos de la grosería; así el niño aprenderá que este comportamiento no le compensa. No le permite conseguir lo que pretendía.

Si no llevamos la conducta de un niño caradura o consentido al terreno moral, sino que la evaluamos exclusivamente en la esfera práctica, le enseñamos a ser práctico. De esta forma aprende que las relaciones prosperan cuando hay respeto mutuo. Se da cuenta de que es importante pedir con educación las cosas que quiere en lugar de exigirlas, pues la buena educación es una de las formas de respetar a la gente.

En todas las relaciones humanas hacen falta límites. Los límites definen lo que funciona y lo que no funciona con respecto a los efectos que ejercemos unos en otros. Por tanto, los límites adecuados en el aprendizaje constituyen una parte esencial del desarrollo del niño. Denominados a menudo «fronteras», los límites han de ser realistas, claros y coherentes. Tan pronto como se establecen límites en cualquier relación o situación, todas las partes deben atenerse a ellos.

Como es lógico, cuando alguien nos perturba de manera hiriente, el instinto nos impulsa a limitar su libertad de algún modo. Se trata de una reacción natural de defensa. Cuando reaccionamos así lo que estamos haciendo es intentar poner una frontera, pues al parecer no existe ninguna. Buena parte de la conducta adulta descarriada se reduce a violaciones de las fronteras. Por este motivo, establecer límites adecuados es esencial para la labor parental efectiva. Cuando enseñamos límites de forma empática y coherente, se desvanece la necesidad de disciplina.

Para ilustrar esto, veamos el tema de la limpieza. Parte del respeto a otras personas, no digamos ya a nosotros mismos, consiste en ir limpios para no tener una imagen ni un olor que resulten ofensivos para los demás. Esto significa que aunque un niño llore y grite porque no quiere bañarse, los padres deben funcionar como un contenedor seguro en el que pueda expresarse el antagonismo del niño a la bañera al tiempo que se considera innegociable la necesidad del aseo. El niño no va a hacer nada ni irá a ninguna parte hasta que se haya bañado; y para dejar esto claro no hace falta librar ninguna batalla.

La necesidad de aseo no es básicamente distinta de la necesidad de buena educación. Si un niño viola nuestras fronteras siendo grosero, necesita experimentar la consecuencia de una infracción así. ¿Cuál es la consecuencia natural? Dependiendo del caso, los padres pueden alejarse, con lo que se autoexcluyen de la violación. Cuando los padres se desvinculan de una manera así, definen un límite claro: esta conducta no va a ser tolerada.

Los límites fijados de una forma coherente pero empática tienen un valor pedagógico mayor que el de cualquier castigo. Durante el establecimiento de este límite, la clave es que el padre sea a la vez coherente y afectuoso, desde luego. Cuando un niño protesta o tiene arrebatos airados, para crear y mantener estos límites hace falta una buena dosis de aguante. Y en ese punto resulta imprescindible que los padres actúen como contenedores de esta reactividad emocional.

Si un niño se comporta con nosotros de manera impropia, es que está expresando la necesidad de alguna de estas dos cosas: conecta conmigo o acéptame. Por desgracia, lo que suele pasar es lo contrario: cuando cruzan nuestras fronteras, entonces invadimos las de los hijos. Como ellos nos golpean, nosotros les golpeamos. Como son groseros con nosotros, les chillamos y avergonzamos. Esta reactividad «ojo por ojo» destruye la conexión.

Cuando un niño se muestra maleducado, es preciso determinar si está lo bastante tranquilo para hablar directamente de su mala educación o si hemos de darle tiempo para que se calme. Si el niño necesita calmarse, los padres se pueden limitar a alejarse, pero de forma tranquila y no reactiva. Entonces el niño experimenta la consecuencia natural de perder la camaradería de los padres hasta ser capaz de hablar de forma correcta. En cuanto esté preparado para recuperar la compañía perdida, podremos hablar con él sobre por qué la mala educación no es un método constructivo para comunicarse.

Cuando los hijos son groseros o irrespetuosos, pegan o muerden, el problema está siempre relacionado con los límites inadecuados. O bien el niño tiene sed de conexión y se enoja por ello, o bien los padres no han conseguido establecer límites apropiados y el niño se siente legitimado para faltarles al respeto.

Tanto la conexión como la observancia de los límites respectivos son esenciales para el desarrollo sano. Van de la mano, cada uno se basa en el otro. Al respetar las fronteras de los otros, los niños aprenden a estar estrechamente conectados así como —igual de importante— a responder como es debido cuando sus propios límites sean transgredidos.

Quiero dejar claro a qué me refiero cuando digo que los niños han de «aprender». La palabra «aprender» suele pronunciarse con gran énfasis, pues creemos que alude a la necesidad de sermonear. La realidad es que los niños aprenden no porque les *diga-*

> La realidad es que los niños aprenden no porque les *digamos* nada, sino a partir del modo en que nos *relacionamos* con ellos. Es la diferencia entre «hacer que» y «hacer con».

mos nada, sino a partir del modo en que nos *relacionamos* con ellos. Es la diferencia entre «hacer que» y «hacer con».

La primera tarea de los padres consiste en establecer conexión. Si han creado una conexión sólida con el hijo, serán capaces de exponerlo a las consecuencias naturales de su comportamiento con facilidad y confianza. Sin una conexión así de fuerte, es probable que los padres se sientan abrumados por la ansiedad y la culpa, las dos emociones que echan a perder el aprendizaje natural. Un niño que se muestre grosero o dé golpes y mordiscos porque ansíe conexión no será capaz de aprender acerca de los límites adecuados hasta que la conexión esté consolidada.

Si un niño mayor está siendo desmedidamente grosero, los padres acaso digan: «Está claro que ahora mismo somos incapaces de discutir sobre este tema, así que es mejor que te quedes solo un rato. Cuando todos estemos lo bastante relajados para hablar civilizadamente podremos proseguir la conversación.» Esto no conlleva avergonzar ni culpar, sino solo causa y efecto. Sin embargo, una vez más, si se dice de forma punitiva, perderá su poder y quizá salga mal. En lo que digan los padres o aprenda el niño sobre la cuestión no debe haber «carga» emocional; de lo contrario, el niño sentirá rencor hacia los padres y deseará alejarse de ellos, no restablecer la comunicación.

Cuando es preciso alejarse, por lo general los padres se sienten aterrados porque creen estar abandonando a su hijo. No obstante, si se hace de manera tranquila, no reactiva, alejarse llega a ser un poderoso «atrayente». Al decir «atrayente» me refiero a que nuestra calma transmite una gran sensación de presencia por nuestra parte, y la presencia supone una atracción fuerte. Llama la atención de la persona más que cualquier cosa que digamos. En vez de sentirse abandonado cuando nos vamos, el niño nota la pérdida de nuestra presencia y quiere recuperarla.

Para llevar a cabo esto, los padres necesitan verdadera presencia de mente. En sus acciones no puede haber ningún distanciamiento emocional, ni siquiera en un nivel sutil. Alejarse no ha de tener ninguna connotación emocional, sino que ha de ser algo estrictamente práctico; solo así funciona como una consecuencia natural. Cuando los padres se alejan pero conservan la franqueza ante el niño, entonces se echa en falta su presencia.

La herramienta más eficaz que cualquiera de nosotros tiene a su disposición es la presencia personal. Los niños se incorporan y prestan atención cuando experimentan el poder de nuestra presencia. De todos modos, muchas veces nos relacionamos con ellos basándonos no en nuestra presencia, sino en viejos hábitos. No nos encontramos realmente «ahí» para los hijos. Nos limitamos a decir o hacer algo para quitárnoslos de encima. Este conflicto interno entre lo que hacemos en un nivel superficial y lo que sentimos en un nivel subconsciente suscita los problemas que surgen con los niños. Si no fuera por esto, estaríamos tan presentes con ellos que sabrían que hablamos muy en serio.

Aquí lo importante es comprender que los límites no se establecen mediante meras palabras, sino que se forman en un nivel muy activo. El modo en que nos comportamos, la forma en que nos tratamos a nosotros mismos, las personas de quienes nos rodeamos o lo que permitimos hacer es mucho más revelador que la insistencia en que los hijos nos «respeten». En otras palabras, límites como la buena educación o la ausencia de golpes y mordiscos son objeto de negociación desde el mismo momento en que un niño entra en nuestra vida.

7

Tus hijos están aquí para poner en entredicho tu integridad

Muchos padres me dicen: «Quiero muchísimo a mi hijo. Hago mucho por él. Pero él siempre se enfada conmigo.» O quizás algunos digan: «Por mucho que me sacrifique por mi hijo, él me falta al respeto.»

La explicación de esto es que, aunque los padres están actuando de determinada manera en la superficie, en el nivel subconsciente está interpretándose un guion totalmente distinto. Lo que capta el niño son las vibraciones de este guion oculto, lo cual le induce a creer que puede actuar así. Los niños ven cómo nos relacionamos con nosotros mismos y con nuestra vida, y esto es lo que asimilan.

Cuando los hijos nos faltan al respeto, en un nivel subconsciente les hemos dado permiso para ello. Esto significa que cierta parte de nosotros se siente cómoda con la falta de respeto. En algún momento de la infancia interiorizamos la idea de que no pasa nada si la gente se muestra irrespetuosa con nosotros. Y los hijos captan eso.

Recuerdo a una madre que descubrió la razón por la que sus hijos no la escuchaban pese a los gritos, las amenazas y los sobornos: en un nivel subconsciente, ella no se consideraba capaz de liderar. Siendo la menor de cuatro hermanos, siempre había sido más seguidora y complaciente, nunca llevaba la voz cantante. Debido a ello, a pesar de las amenazas, sus hijos captaban que no hablaba en serio y se sentía incómoda con la tarea de estar al cargo. Cuando los niños no le hacían caso, se confirmaba la interpretación infantil de su rol. Era fundamental que dejara de reproducirlo.

Podemos empezar viendo que la «conducta problemática» de los hijos tiene su origen en un lugar distinto del que habitualmente se cree. Basándome en mi experiencia profesional, debo decir que la mayoría de las disfunciones clínicas surgen del desconocimiento de la dinámica que los niños desencadenan en nosotros desde nuestro propio pasado.

Los patrones subconscientes poseen una energía tremenda. Esta energía nos lleva a crear una atmósfera ante la que los niños reaccionan. Cabría decir que notan nuestros «influjos» emocionales. Yo comparo estas vibraciones con el aire que respiramos en el sentido de que son omnipresentes e invisibles. Como funcionan de una manera muy activa, a menudo contradiciendo nuestras palabras y acciones, puede ser difícil reconocerlas.

Aunque no nos damos cuenta de su poder, estos influjos crean el marco para todas las experiencias, interacciones y relaciones en las que participamos. En otras palabras, contrariamente a lo que nos gustaría creer, los niños no responden a nuestras instrucciones explícitas, sino que están sintonizados con el guion subconsciente, del que precisamente acaso no somos conscientes.

Podemos comparar este influjo subconsciente con un imán, que atrae y repele sin que en ningún momento seamos ni remotamente conscientes de lo que está pasando. Como los hijos dependen de nosotros, son sumamente sensibles a las vibraciones que emitimos. Esto establece una dinámica entre nosotros y ellos. El punto de entrada en esta dinámica es siempre el subconsciente del progenitor, que incluye su propia energía magnética.

La clave de la labor parental efectiva es dejar de enfocar al niño cuando «se porta mal» y pasar a enfocar nuestra propia «emocionalidad ligada al mal comportamiento». Si no identificamos y desenmarañamos nuestros patrones emocionales, sin darnos cuenta fomentaremos en los hijos conductas disfuncionales. Buscaremos por todas partes diferentes maneras de «arreglar» a los hijos sin comprender que no hay nada que arreglar, sino solo una necesidad nuestra de crecer.

Podemos ver cómo funciona esto en la práctica en el caso de un padre que me dijo: «Mi hijo siempre está haciendo mohínes. No puede decirme que soy *yo* quien provoca esto. ¿Cómo voy a ser yo responsable? ¿No será solo el temperamento de mi hijo?»

«Tiene usted razón al decir que no es responsable del temperamento inherente de su hijo —admití—. Cada niño llega al mundo con su propio y exclusivo modo de ser. En este sentido, usted no es responsable. Su responsabilidad está en otra parte.» Comprender ese «en otra parte» es crucial.

Desde el momento en que un hijo llega a nuestra vida, su carácter interacciona con el nuestro, fluyendo o chocando, hasta que resulta imposible detectar lo que es estrictamente temperamento y lo que surge de las interacciones del niño con nosotros y su entorno. No podemos decir que algo es meramente «la manera de ser de mi hijo», como en los casos de «mi hijo tiene una personalidad tipo A» o «mi hijo es malhumorado por naturaleza», pues tanto los padres como los niños es-

> Si no identificamos y desenmarañamos nuestros patrones emocionales, sin darnos cuenta fomentaremos en los hijos conductas disfuncionales.

tán continuamente moldeándose mutuamente en la dinámica de la acción parental.

Como padres, entramos en juego en nuestra *respuesta*. En el caso de un niño que hace muchos pucheros, o bien los mitigamos, o bien los potenciamos. El que mitiguemos o potenciemos los mohínes dependerá de cómo nos afecte. Los niños lo captan al instante, y esto es lo que más influye en ellos.

Asumir la responsabilidad de las vibraciones que transmitimos y las maneras en que estas afectan a los hijos supone un reto. Para empezar, es difícil observar este influjo, toda vez que se produce en un nivel de energía sutil, no verbal. La disposición a dirigir el foco hacia dentro, y no hacia las acciones de los niños, nos ayuda a dejar de ser un criticón para pasar a ser aliado y guía.

Una ilustración especialmente conmovedora de esto es el rendimiento académico. Quizá decimos esto a los niños: «Las notas no son tan importantes; lo único que importa es que hagas lo que puedas.» No obstante, a casi todos nos han inculcado lo de preocuparnos por las calificaciones, pues las consideramos un barómetro del éxito. Al margen de lo que digamos, el niño capta nuestra reacción cada vez que llegamos a casa con una puntuación inferior a un sobresaliente. El niño repara en el lenguaje corporal, las expresiones faciales, en si fruncimos el ceño o entrecerramos los ojos. Pese a los intentos de disimular las reacciones, nuestra ansiedad siempre se pone en evidencia.

Cuando hemos resuelto un problema en la vida, ya no estamos ansiosos sino en paz. La ansiedad surge de los asuntos que han quedado sin resolver. Quizá las calificaciones escolares son algo importante cuando aún estamos creciendo. Aunque en el plano intelectual sabemos que no sirven en absoluto para pronosticar el futuro éxito de un niño y que muchos de los principales triunfadores del mundo no destacaron nunca en la escuela, en el plano emocional muchos todavía tenemos problemas relacionados con el rendimiento académico. Nuestros hijos lo captan igual que nosotros lo notábamos en nuestros padres. Puede expresarse en forma de ansiedad de ejecución en los exámenes, dolor de estómago, dolor de cabeza o cualquier otro achaque. Con independencia de la manifestación concreta, que en buena medida estará regida por el temperamento del chico, la ansiedad acabará aflorando. Este es el motivo por el que las familias transmiten temas emocionales de una generación a la siguiente.

Pienso en Alexandra, una madre que me expuso su principal desafío: batallas diarias sobre cuándo se debían apagar los aparatos electrónicos. «Ya llevamos un año con esto», se lamentaba. En cuanto nos encontramos en un patrón que dura ya desde hace días, podemos estar seguros de que sus orígenes se enraízan en lo más profundo de la infancia. La explicación de que el patrón se consolide es que hace aflorar emociones que nos resultan familiares. Por incómodas que puedan ser estas emociones, actúan como zona de confort en el sentido de que son algo a lo que estamos acostumbrados.

Cuando señalé a Alexandra que era ella quien estaba propiciando el conflicto, dijo: «¿Cómo voy a querer yo el conflicto? Es imposible que yo quiera eso. Lo detesto. Simplemente, no sé cómo resolverlo.» Sin embargo, a medida que fuimos ahondando en el asunto, ella fue percatándose progresivamente de que su conflicto con los hijos surgía de su propio conflicto interior. No soportaba que los niños se aprovecharan de su carácter bondadoso, si bien las vibraciones que emitía eran de necesidad de complacer, una réplica de cómo se sentía cerca de su dominante y exigente madre. Desesperada por lograr la atención de su madre, estaba siempre removiendo cielo y tierra con ese fin.

Si los padres vienen a la consulta a explicarme problemas

Todos los conflictos con los hijos tienen su origen en nuestros propios conflictos subconscientes internos.

con sus hijos, mi primera área de exploración es siempre los padres. Y como pasó con Alexandra, cuando empiezo con ellos se sorprenden. No obstante, a la larga consigo demostrarles que sus sentimientos de la infancia no resueltos siguen aún en funcionamiento, y hasta el punto de que son la principal aportación al modo en que funcionan sus propios hijos en situaciones similares.

Al final, mis pacientes acaban comprendiendo que todos los conflictos con los hijos tienen su origen en nuestros propios conflictos subconscientes internos. Al principio esto quizá sea difícil de aceptar para algunos. Sin embargo, tal como comentó un perspicaz crítico de este libro antes de su publicación, «hubo una época en que habría discrepado de "todo". Esta época ya pasó».

Veamos el ejemplo de la comida basura. Si los padres tienen continuas peleas porque el niño quiere comer siempre en el McDonald's, es importante reconocer que, en cierto nivel, su deseo de esta clase de comida procede de la aprobación de los padres. La visita al McDonald's como opción alimentaria fue validada por los padres cuando el niño advirtió que ellos comían comida basura.

Quizá los padres no comen porquerías de manera regular. Tal vez incluso suscriban la idea de que comer en un McDonald's es poco saludable, aspecto que, sin duda, le dejan claro al hijo. No obstante, sus palabras apenas son detectadas porque lo que capta el niño es el hecho de que cuando los padres tienen prisa, están estresados o necesitan comida emocional, se dirigen de inmediato a los Arcos Dorados. Tan pronto como el hijo interioriza la disparidad entre las palabras y las acciones, de manera natural la explota en su favor.

«No lo hagas», dicen los padres. Sin embargo, el mensaje

real es: «Si lo haces, no va a haber ninguna consecuencia real. Al fin y al cabo, yo también lo hago a veces.» Los padres están transmitiendo la sensación de que, pese a todas sus protestas, subconscientemente están de acuerdo con esta conducta. Incluso la falta de fuerza de voluntad en estos asuntos está enraizada en el subconsciente. Es así como el subconsciente debilita nuestras mejores intenciones. Si no nos damos cuenta de que la mayoría de los conflictos con los hijos surge de este tipo de choques internos con nosotros mismos, nos limitamos a enfocar el tema en la superficie. Y esto da lugar a batallas interminables. La disciplina, que ni siquiera aparecía en el cuadro, ocupa ahora el primer plano mientras procuramos controlar el monstruo que hemos creado.

Una vez entendemos la forma sutil en que actúa nuestro bagaje inconsciente, nos damos cuenta de que buena parte del mal comportamiento de los niños es una resistencia a una situación que hemos creado nosotros. Por tanto, el castigo es totalmente inapropiado, dado que el problema no comenzó con ellos. En el caso de un niño que quiere siempre comida basura, el hábito empezó con el doble mensaje que le transmitimos al decirle que, aunque la comida basura sea mala, la consumimos igualmente. La exigencia del niño de ir al McDonald's refleja el hecho de que no nos tomamos el tiempo necesario para que adquiriese conciencia de la necesidad de comer sano, regla que por otra parte nosotros tampoco hemos seguido.

Si un niño quiere comer cada día en el McDonald's o jugar con la X-Box un montón de horas seguidas, los padres deben reconocer que quizá se trate de sucedáneos del hecho de no estar presentes en el momento, hábito que los niños aprenden de nosotros. Pueden ser formas de distracción de lo que los niños están realmente experimentando y sintiendo. En el caso de comer comida basura como medio para evitar sentimientos, en nuestra jerga decimos que estamos «tragándonos los sentimientos a la fuerza». El sutil arte de la distracción se aprende cuando el niño ve a los padres practicar la distracción en vez de afrontar lo que están intentando evitar.

Pensemos en un padre que, como se siente ansioso, enciende un cigarrillo. El cigarrillo le distrae de su ansiedad. La persona cree que está «haciendo algo» sobre su ansiedad, pero lo único que hace en realidad es aplacarla temporalmente. O veamos el ejemplo del padre que recurre a la comida o al alcohol como medio para reducir el estrés: esto envía subconscientemente la vibración de que es incapaz de gestionar sus emociones si no toma alguna sustancia. El niño aprende a manejar el estrés de la misma manera.

Luego está la madre que se pasa treinta minutos al día maquillándose y quejándose sin parar ante el espejo de su mal aspecto, transmitiendo así, sin darse cuenta, el mensaje de que la belleza es un barómetro de la autoestima. Entretanto, el padre no está contento con su empleo y se queja continuamente de su jefe, de la larga jornada y del excesivo volumen de trabajo, enviando sin darse cuenta el mensaje de que trabajar es un fastidio, algo a lo que oponer resistencia. Las quejas del padre distraen su atención de afrontar una situación difícil que se resiste a aceptar. Los niños captan todas estas vibraciones y las incorporan a su repertorio.

Cuando las acciones de los padres se corresponden con sus intenciones, es posible interaccionar con los hijos de una forma sincera. Los niños educados conforme a este tipo de comunicación saben que pueden confiar en que sus padres seguirán los mismos principios que están pidiéndoles a ellos, lo cual crea en casa una cultura que todos suscriben. Por ejemplo, los niños tienen muchas más probabilidades de llevar a cabo cosas tan básicas como hacerse la cama cada mañana si ven que sus padres hacen la suya.

Los hijos absorben constantemente nuestro estilo. Están

siempre mirando, escuchando, tomando notas mentales sobre qué hacemos y cómo. Al principio de ser madre, el hecho de saber que todas mis decisiones iban a influir en otro ser humano se dejaba sentir como una carga pesada. Fuera pedir un refresco bajo en calorías o agua, patatas fritas o ensalada, hacer ejercicio u holgazanear delante de la tele, ya nada tenía que ver solo conmigo. El modo de utilizar mi tiempo, de enfrentarme a la ansiedad, de gestionar los fracasos, de relacionarme con mi esposo, de ocuparme de mis finanzas... todo acabaría afectando a la manera en que otro ser humano organizaría en última instancia su vida.

¿Era yo capaz de asumir tanta responsabilidad? Descubrí que lo que inicialmente daba la impresión de ser algo difícil de soportar tenía su compensación en un hogar tranquilo en el que prevalecían el amor y la alegría, no las continuas peleas sobre la «disciplina».

8

Cómo decir «sí» o «no» de manera efectiva

Una madre tenía esta queja: «No aguanto que mis hijos suelten palabrotas. Dicen "mierda", "cabrón", incluso "joder", y no puedo soportarlo. En mi casa nunca habíamos hablado así. No sé de dónde lo han sacado.»

«Cuando comunica su desagrado por el lenguaje que utilizan, ¿cómo lo hace?», pregunté.

«Les digo que no utilicen estas palabras», respondió.

«¿Y con qué frecuencia?»

«Oh, mil veces, una detrás de otra, hasta que me harto de decírselo.»

«Permítame una pregunta. Si sus hijos la golpearan, ¿les diría simplemente mil veces que no lo hicieran, aunque siguieran haciéndolo pese a sus objeciones?»

«No, claro que no. Les dejaría claro que pegar es algo inaceptable.»

«¿Y sus hijos la escucharían?»

«¿Si les hablara en este tono? Sí. Sabrían que hablo en serio.»

«En otras palabras, muchas veces usted no habla en serio... y sus hijos lo saben.»

Los padres se lamentan: «En cuanto digo "no" a mi hija,

le da una rabieta. Pero si digo "sí", no hay problema. ¿Cómo puedo decir "no" y lograr que mi hija acepte mi decisión?» Cuando les digo que no es cuestión de decir «sí» o «no», se quedan sorprendidos. El problema es si la niña nota que la madre está verdaderamente alineada con su decisión. Si los padres dejan clara la finalidad del sí o el no y son capaces de transmitirla, el niño responde de manera apropiada.

¿Con qué frecuencia decimos «sí» a los hijos sin considerar detenidamente lo que estamos diciendo? Nuestro «sí» no es un sí significativo pronunciado con todos los factores de la situación concreta, sino más bien una reacción descuidada e improvisada que refleja más nuestro estado de ánimo que lo que la situación requiere. Como nuestro «sí» no es un sí auténtico, los niños enseguida comprenden que es arbitrario. Del mismo modo, como decimos «no» muchas veces cuando en realidad no hay motivo para ello, al niño esto también le parece aleatorio. Por consiguiente, «sí» y «no» carecen de un verdadero significado, lo cual conlleva que es posible discutir para cambiarlos en aras de la paz si el niño insiste mucho.

Cuando los padres no aceptan sus políticas familiares, no consiguen convencer a sus hijos para que lo hagan. No es de extrañar que los niños manipulen a sus padres para ver si hablan en serio. Por ejemplo, un niño pide un iPod Touch porque todos sus amigos tienen uno. Los padres consideran que el niño no lo necesita y confían en que la novedad pasará. No obstante, como quieren complacer al chaval y no tienen claras sus propias convicciones, ceden a las demandas.

Sería mejor que dijeran esto: «Entiendo que quieres un iPod. Veamos por qué es tan importante para ti. Si llegamos a ponernos de acuerdo en que esto mejorará tu vida de una forma positiva, buscaremos la manera de conseguir uno. Esto puede significar que tú pagarás una parte y yo la otra. También hemos de ponernos de acuerdo en cómo utilizarlo.»

Si se produce un diálogo así, el niño comienza a entender

que las cosas no se dan ni se niegan al azar, sino que, tras la decisión de dar o negar, hay siempre un proceso mental serio. Mediante el uso sistemático de esta clase de conversaciones significativas, los niños acaban sintiendo que sus padres son sus aliados.

Cuando hay una expectativa mutuamente acordada sobre un tema de esta índole, los padres no se ven empujados a asumir el papel de supervisores; se aseguran de que el niño está lo bastante maduro para cumplir su parte del acuerdo. Si no está lo bastante maduro y pese a ello los padres deciden seguir adelante con el pacto, han de ser plenamente conscientes del lío que se armará cuando no se satisfagan las expectativas. Por tanto, antes de decir «sí» o «no» a los hijos, es imprescindible que los padres hagan sus propios deberes emocionales.

Si la vida de un padre o una madre pone de manifiesto integridad, los niños son mucho más capaces de aceptar un «no». El niño entiende que los padres no están diciéndole «no» solo para hacer ostentación de fuerza. Como se ha eliminado de la ecuación toda arbitrariedad en lo referente al «no» o al «sí», los niños aprenden a confiar en que siempre habrá una razón sólida que avale la decisión de los padres, lo que les invita a aceptarla.

Dar o quitar al niño cosas porque eso encaja con nuestra agenda subconsciente —el bagaje emocional no resuelto—, no porque se alinee con sus necesidades de desarrollo, es exponerse al conflicto. En cambio, si dejamos clara la finalidad de nuestras decisiones, si somos conscientes de nuestra agenda pero también de la del niño, este será capaz de respetar el hecho de que esta-

> Dar o quitar al niño cosas porque eso encaja con nuestra agenda subconsciente —el bagaje emocional no resuelto—, no porque se alinee con sus necesidades de desarrollo, es exponerse al conflicto.

mos actuando con integridad, aunque quizá no le guste lo que va a oír.

Un padre se queja: «Mi hijo me suplicó una X-Box y ahora está siempre enganchado, lo que da lugar a interminables peleas.» Otro dice: «Mi hija me rogó que le dejara tener un televisor en su cuarto. Ahora le grito día y noche que lo apague.» Estas acciones de aparente consideración hacia los hijos se convierten rápidamente en una fuente de conflicto.

En estas situaciones respondo así: «¿Sabe por qué regaló este aparato electrónico a su hijo? ¿Había una razón claramente definida?»

Y ellos contestan con timidez: «Todo el mundo lo tiene. Si no lo tuviera, mi hijo se sentiría excluido.»

«Que todo el mundo lo tenga no es una razón por la que usted deba comprárselo —explico—. Si cree que su hijo va a estar sobreestimulado o va a acabar adicto a la tecnología, no está usted ayudando mucho. La razón para comprar algo es que aumente el bienestar del niño y mejore la vida familiar.»

Hace tiempo aprendí a no ceder a la presión, sea de mi hija o de la sociedad. Lo que hagan «otras» familias no tiene nada que ver con mis decisiones como responsable de la educación de mi hija. En nuestra cultura, donde la presión del grupo, la escuela, el centro comercial, la televisión o internet ejercen tanta influencia, es esencial tomar las decisiones que afectan a los hijos basándonos en nuestra brújula interna. Las decisiones han de venir del corazón, no de la presión. De este modo, nuestro «sí» es realmente una luz verde, mientras que el «no» significa rotundamente «basta», y los niños acatan la decisión porque perciben la poderosa presencia de un corazón alineado con la realidad.

Soy un ser humano, y como es lógico puedo llegar a exasperarme si mi hija fastidia continuamente... aunque esto no cambiará mi decisión, pues ha sido muy meditada. A su debido tiempo, ella aprenderá que no estoy siendo mala, sino que mi «no» tiene una explicación válida. A Maia podría decirle fácilmente «sí» para tener «paz» y complacerla, pero lo que parece fácil y hace que nos sintamos cómodos no tiene nada que ver con el buen estilo parental. Es cuestión de tener claro lo que necesitan los hijos para su desarrollo emocional.

Por eso, cuando la gente me dice «mi hijo está conectado a internet todo el rato», yo explico que el problema no es internet. Los aparatos electrónicos nunca son el problema. La clave es la falta de claridad sobre la finalidad de los productos electrónicos. Decir a los niños de forma arbitraria que pueden ver un programa o no, que pueden conectarse o no a internet, debilita el «sí» o el «no», con lo que estos acaban no significando nada.

La claridad comienza con los padres. Pregúntate a ti mismo cuál es tu postura ante los aparatos electrónicos. ¿Es ambivalente tu relación con estos artilugios? Por ejemplo, a lo mejor por una parte detestas su influencia en la vida de tus hijos, pero por otra tal vez entras en Facebook cada vez que tienes ocasión.

Quizá le digas a tu hijo que «deje el ordenador», pero puede que sea precisamente lo que le enciendes para que se entretenga cuando no quieres que te interrumpa... lo que de hecho comunica que podrán utilizar o no un aparato electrónico concreto en función de tu estado de ánimo. ¿Tan extraño es que un niño tenga una pataleta cuando decimos «no» por un motivo totalmente arbitrario? El problema no es el «no» propiamente dicho, sino la manera de utilizarlo.

Para los padres, la clave está en aceptar como válido el «sí» o el «no» en el nivel más profundo de su intención. El «sí» o el «no» han de ser resueltos. Resueltos no para imponer control, sino porque esto es lo que realmente exige la coyuntura. Si se cumple esto, el «sí» o el «no» están alineados con el «tal cual» de la situación.

Por ejemplo, todos creemos que no se debe comer con los

pies. ¿Es esto susceptible de negociación? ¿Los niños deben ser coaccionados o recompensados para que sigan las convenciones en lo relativo a la forma de comer? No, ellos lo captan a partir de la coherencia de nuestra actuación como modelos.

Hablando de la aceptación de cosas, el dinero es un elemento respecto del cual los padres suelen sentirse culpables y actúan partiendo de un sentido falso del yo y no de lo que es mejor para la familia. En el caso de una familia en apuros económicos, es crucial que esto esté integrado en la conciencia del conjunto de sus miembros para que nadie pretenda otra cosa. Es una de esas realidades de la vida que, a menos que la familia se recupere desde el punto de vista económico, es innegociable. Como en la mayoría de los casos la situación económica de una familia tiende a mejorar solo gradualmente, es prudente implicar a todo el mundo en la situación. En ese caso, el uso sensato del dinero acaba siendo un valor familiar, algo que los niños perciben a una edad temprana. A los niños tal vez no les guste el hecho de no poder tener ciertos lujos de los que sí disfrutan otros compañeros de su entorno. De hecho, no tiene por qué gustarles. En mi vida hay muchas cosas que seguramente no me gustan, pero en cualquier caso son realidades.

La manipulación entra en juego cuando intentamos coaccionar a los niños para que crean que *debería* gustarles algo que no les gusta, o que debería desagradarles algo que en realidad les agrada, al tiempo que les negamos la libertad para expresar sus sentimientos. En el caso del dinero, si dejamos clara nuestra situación económica y nos distanciamos de la necesidad de parecer más acomodados de lo que somos, el descontento de los hijos no nos alterará. Podemos dejarles expresar sus quejas sin avergonzarles ni ceder a sus deseos.

Por otra parte, si tenemos problemas subconscientes relacionados con el dinero, estos intervendrán en nuestros tratos con los hijos. Si estamos en conflicto, los hijos estarán en conflicto. Querrán constantemente cosas que no podremos permitirnos porque, al no tener claridad dentro de nosotros mismos, les transmitimos la impresión de que podemos permitirnos ciertas cosas cuando en realidad no podemos. Los hijos quizá también vean que gastamos dinero en nosotros —o en ellos— cuando les decimos que «no tenemos».

La esencia de la cuestión es la claridad. El primer paso hacia la claridad consiste en evaluar la realidad. ¿Hemos aceptado *nuestra* realidad? Mientra no lo hagamos, los niños tampoco la aceptarán, lo que se traducirá en quejas y lamentos. Han aprendido que si se quejan con suficiente tenacidad, es posible que nosotros acabemos cediendo. Han advertido nuestro conflicto interno y son expertos en sacarle partido. El hecho es que nuestra ambigüedad respecto al dinero es mucho más potente que lo que estamos dispuestos a admitir, pues son nuestras vibraciones lo que más influye en los hijos. Y en este caso, las vibraciones transmiten el mensaje de que, si insisten lo suficiente, quizás haya dinero para lo que quieren. Si no consiguen lo que quieren, y no entienden realmente el motivo, nos guardan rencor. De este modo, fomentamos conductas negativas.

Si no aceptamos nuestra realidad, no podemos ser transparentes con los hijos, y es entonces cuando recurrimos a la manipulación. Entonces lanzamos mensajes como: «Estás siendo muy caprichoso; debería darte vergüenza. ¿No sabes que el dinero no cae de los árboles? A lo mejor te crees que nos sobra.» Al avergonzar así a los niños por sus deseos sinceros, no respetamos sus sentimientos. Una cuestión práctica se ha convertido en un asunto personal, en el que el padre acaba frustrado y el niño se siente rechazado.

Nuestros hijos tienen todo el derecho a querer cosas, es algo normal y sano; indica que tienen una conexión con su vida. No supone forzosamente que sean caprichosos. No obstante, es poco saludable que un niño crea que su autoestima esté vinculada a estos objetos de su deseo. Para los padres es fundamental entender qué finalidad tendrá un objeto determinado en la vida de su hijo para no acceder simplemente a exigencias sin un sentido claro de los límites.

La clave es conocer bien nuestra realidad y nuestros activos y limitaciones, saber que un conflicto entre las necesidades de la familia y los deseos del niño no debe intensificarse hasta convertirse en una batalla. «Te entiendo perfectamente —quizá le digamos a nuestro adolescente preocupado por su imagen—, pero como familia no creemos necesario gastar 300 dólares en unas zapatillas. Sé hasta qué punto las quieres tener. En todo caso, si tan importantes son para ti, te ayudaremos a elaborar un plan para que te las puedas comprar tú.» De este modo, respetamos los sentimientos del chico al tiempo que lo ponemos al corriente de la realidad familiar.

En una situación así, lo más importante que enseñamos a los niños es que no solo tienen derecho a sus deseos, sino que, como parte de su universo, les ayudaremos a satisfacer estos deseos si están dispuestos a esforzarse. De esta forma les enseñamos a tener objetivos. También aprenden que, con independencia de lo difíciles que sean, todos los objetivos son susceptibles de ser alcanzados mediante la cooperación, la comunicación y el trabajo. Los hijos aprenden que son coautores activos en su universo, capaces de hacer realidad sus sueños mediante la acción. Estos niños crecen para tomar buenas decisiones en la vida. Si respetamos a los hijos en este nivel, interaccionando de una manera significativa con sus deseos, dejan de ser receptores pasivos de nuestros dictados y asumen un rol activo en su propia vida. Así, los potenciales momentos de conflicto llegan a ser oportunidades para aprender a ser cocreadores de una realidad y un destino propios.

Cada momento con el hijo es un reflejo del pasado y una base para el futuro.

Este nivel de compromiso

no surge de la noche a la mañana. Requiere una energía que los padres aportan a toda interacción con el hijo, sobre todo en esos angustiosos momentos en que ven amenazada su necesidad de controlar. Cada momento con el hijo es un reflejo del pasado y una base para el futuro. Cada «sí» o «no» debe formar parte de un flujo coherente, no ha de ser pronunciado inesperadamente sin verdadero motivo. Un niño criado con esta coherencia ya no se siente impulsado a acatar ni a desobedecer. Vive en armonía con la realidad «tal cual».

9

No eres un director de cine

Todos tenemos en la cabeza una película de cómo se supone que es la vida. Asignamos a los hijos —y a otros se lo insinuamos— el papel que queremos para ellos, sin importarnos demasiado si lo aceptan o no. Les imponemos nuestro guion, sin pararnos realmente a analizar si encajan en el personaje.

Cuando se trata de dirigir la película con los desconocidos, y acaso en menor medida con los amigos, nos refrenamos. Sabemos que si abusamos en exceso de ellos, se alejarán de nuestra vida sin más. Pero en el caso de los hijos, rehenes de nuestro cuidado, nos sentimos con total libertad para escribir su texto, comprar el vestuario y pronosticar el final de la historia.

Si los niños se sienten agobiados en sus roles asignados, tienen solo dos opciones. Pueden obedecer, y así asumir el papel que les han asignado y en el proceso abandonar su verdadero yo. O pueden luchar pese al riesgo de ser aplastados igualmente. Todos los problemas de conducta a que nos enfrentamos como padres se reducen al modo en que el niño reacciona ante estas dos opciones.

Estamos tan apegados a nuestras películas subconscientes, y les hemos dedicado un presupuesto tan abultado, que hacemos lo imposible para ponerlas de manifiesto. Cuando estas películas no van bien en taquilla —o, aún más decepcionante, no llegan siquiera a la fase de producción—, nos sentimos desconsolados. Muchos despotricamos, protestamos, gritamos y echamos la culpa a quien se ponga a tiro. Como es lógico, las dianas más disponibles son los hijos.

He observado a menudo cómo funcionan mis películas subconscientes en mi casa. En una de ellas me asigno el papel de Masterchef, ganadora de un concurso internacional de cocina para *gourmets*. Una tarde me sentía inspirada para preparar a mi hija una lasaña vegetariana para que ella, decidí, disfrutara de un tentempié vespertino. Al fin y al cabo, son muchas las madres que preparan una lasaña casera de múltiples capas a modo de exigua merienda, ¿no?

Cuando llegó Maia, yo estaba ilusionada por exhibir mi obra.

Maia echó un vistazo y dijo: «¿Qué es *esto*? No pienso comerme *esto*.»

«¡Texto equivocado! —quise gritar—. Repite conmigo: "¡Uy, mamá, esto tiene una pinta tremenda! Qué suerte que mi mamá sea una de las mejores cocineras del mundo."»

Mientras mis entrañas salmodiaban «me he estado matando en la cocina para que esto le resultara realmente apetitoso, y lo único que recibo a cambio es ingratitud», Maia se escabulló para ocuparse de sus cosas, dejándome con la mirada clavada en mi gran obra.

En ese momento fui consciente de algo... resultó casi una experiencia extracorporal. Vi mi yo solitario y lamentable, en el escenario, bajo el foco, frente a una sala vacía. Vi que había construido la escena entera en mi cabeza e incluso la había titulado «Sacrificio y gloria». Vi mi obsesión subconsciente con las ganas de complacer, lo que naturalmente procedía de mi deseo de sentirme validada tanto como persona como en el rol de madre. En ese momento supe que podía elegir. Podía fingir que nada de eso era una película de mi creación y echarle la culpa a Maia por haberme desairado, o podía entrar en mi yo más profundo, el de los sentimientos: el verdadero yo, separado de mi papel en la película, que me permitiría conectar con Maia como ser humano real, no como hija que «debe valorar todo lo que yo hago por ella».

Si me hubiera dejado dominar por el subconsciente, mi enfoque habitual habría sido sermonear. La habría reprendido con dureza: «¡Eres una maleducada! ¿Cómo puedes ser tan irrespetuosa? ¿No sabes que en África hay gente que se muere de hambre? ¿No ves lo mucho que he trabajado en este festín especial para ti?»

¿Qué subyacía a mis ganas de señalarla con el dedo, culparla y menospreciarla, hundiéndola para que sintiera la pequeñez que estaba sintiendo yo? Simplemente, mi necesidad de volver a sentirme poderosa, que restablecía la relación jerárquica, solidificada en mi papel de madre. ¿Qué más daba que Maia se quedara hecha polvo? ¿Qué más daba que la lección que recibía del incidente fuera la de que no podía ser genuinamente ella, y que serlo era peligroso y podía suscitar un castigo?

La de la Masterchef es una de mis muchas películas. Pero tengo también la de «Mamá martirizada» en diversas versiones:

Siempre tengo mucho trabajo.
Estoy agotada.
En casa todo lo hago yo.
¿Por qué solo mi hijo es tan difícil?
Esto siempre me pasa a mí.
Soy muy zen y consciente hasta que mi familia entra por la puerta.

Mis amigas también han compartido conmigo sus películas personales favoritas:

Los niños deben escuchar, sí o sí.
La educación es lo primero.
Mi infancia fue una mierda, pero mis hijos tienen suerte.
Me sacrifico veinticuatro horas al día, siete días a la semana, para que mis hijos tengan una vida mejor que la que tuve yo.

Estos temas acaban siendo nuestra cantinela de fondo. Dado que llevan tantos años interpretándose, son casi una segunda piel, forman parte de nosotros hasta el punto de que apenas los notamos. Como constituyen una parte intrincada de la psique, casi nunca nos paramos a cuestionar su validez. Si los analizáramos, veríamos que siempre nos asignamos el papel más virtuoso, paciente, generoso y sacrificado. La otra parte siempre es la culpable.

En el caso de mi interpretación como Masterchef y mi elaboración de la lasaña, resulta que tengo una hija decidida que habla por sí misma. Eso se debe en parte a su carácter y en parte a un patrón de conducta que refleja el modo en que su padre y yo interaccionamos con el mundo, lo cual ha reafirmado su propia tendencia. Si le hubiera impuesto disciplina, ella habría reaccionado con energía, quizás anunciando esto: «Te *he dicho* que no quiero comerme esto. ¡Deja de presionarme!» Y habríamos entrado en el toma y daca de la pelea.

«No te atrevas a usar ese tono de voz conmigo», habría soltado yo.

«Mamá, deja de decir estas cosas —habría chillado ella—. No estoy haciendo nada malo... tú sí.»

En ese momento yo habría recurrido a la técnica del «aislamiento» de la disciplina universal. Siguiendo este enfoque, mi reacción habría sido: «A tu cuarto, señorita, ¡hasta que aprendas modales!»

Muchos autores sobre disciplina infantil consideran que es una técnica de probada eficacia. No obstante, la idea de que este planteamiento funciona es una ilusión. En cierto nivel parece calmar la situación, pero lo que pasa realmente es que se deja todo para más adelante. Eludir el problema no lo resuelve; al contrario, perpetúa algo que de entrada ni siquiera debería existir.

Para empezar, ¿cómo puedo afirmar que no había un problema? Todo comenzó con la creación de mi película, mi idea de cómo debían ser las cosas. El problema no era la respuesta de Maia, sino más bien que a mí no *me gustó* su manera de responder. Como no siguió mi guion ni halagó mi ego, yo lo convertí en un problema. Por haberse atrevido a desviarse de las expectativas de su madre, en mi mente ella merecía cierta forma de disciplina.

Estuve a punto de iniciar un drama que habría supuesto una indiferencia absoluta hacia el verdadero *yo* de Maia por mi parte. Si hubiera provocado el drama, lo que era importante para mi hija difícilmente habría aparecido en mi pensamiento, tan obsesionada estaba yo con la idea de mí misma como chef de *gourmets*. Cuando Maia se atrevió a desnudar su alma y declarar sus sentimientos, tuve la tentación de arrebatarle sin contemplaciones su derecho a reivindicar su verdad. Si hubiera hecho esto, le habría robado su autenticidad.

Como ya he mencionado, mi hija es resuelta. ¿Y si yo hubiese tenido una niña que por naturaleza fuera más sumisa? Lo más probable es que esa niña se hubiera encogido de miedo ante mi reprimenda y hubiera accedido a mis exigencias. Tras enterrar sus deseos, se habría comido mi lasaña y habría rendido homenaje a mis ansias narcisistas de ser elogiada. Yo habría logrado mi propósito de salirme con la mía, pero ¿a qué precio? Al precio de su autenticidad. Y ella habría aprendido que la gente y no solo su madre, puede anular sus sentimientos, sino que también en etapas posteriores de la vida pueden hacerlo otras personas capaces de tratarla muy mal. No es de extrañar que tantas niñas acaben siendo, de mayores, víctimas de hombres abusivos.

Quizá pienses esto: «Pero un niño ha de aprender a comerse lo que le ponen en el plato. Un niño no puede exigir cruasanes si en casa solo hay tostadas.» Es verdad que un niño no puede tener aquello de lo que no se dispone. No obstante, si dejamos a un lado el ego controlador, sin duda podemos preparar la tostada de tal modo que el niño se la coma con ganas. De este modo, la crianza de los hijos se convierte en una empresa de cooperación en la que se tienen en cuenta las necesidades tanto de los padres como de los hijos.

De lo que se trata es de si los padres están tan obsesionados con su agenda que no queda sitio para que el niño pueda expresar su voluntad y sus sentimientos. Si tomamos esta ruta, no nos queda más remedio que imponer disciplina, pues para ser fiel a sí mismo un niño no puede seguir sin más nuestros dictados en todo momento, así que tarde o temprano nos contrariará. Para defenderse como ser humano a título propio, el hijo necesita oponerse, resistir. La tarea parental no consiste en aplastar esta asertividad, sino en fomentarla para que el niño llegue a ser una persona hecha y derecha que conoce su propia mente y no tiene miedo de expresar su opinión, con independencia del hecho de que esto pueda zarandearnos el ego y contradecir nuestra película.

Lo que crea la necesidad de disciplina es la dinámica resultante de insistir en nuestra agenda parental. Quiero dejar claro lo que entiendo por «agenda». Me estoy refiriendo a toda la gama de creencias, incluyendo las ideas que albergamos aun sin ser conscientes de ellas. Estas abarcan, entre otras cosas, cómo definimos a Dios, qué significa tener «éxito» en la vida, qué hace que algo sea hermoso, cómo nos enfrenta-

mos al fracaso, cómo maneja-
mos los traumas, por qué un
niño es bueno, qué constituye una buena pareja... de hecho, cualquier aspecto de la
vida cotidiana. Incluso cuan-

Lo que crea la necesidad de disciplina es la dinámica resultante de insistir en nuestra agenda parental.

do no somos conscientes de lo enredados que estamos en nuestras ideas sobre cómo han de ser las cosas, aquellas siempre son la fuerza impulsora de nuestras interacciones.

La idea de que el niño debe comerse cualquier cosa que le pongamos delante es un extremo que no tiene en cuenta sus preferencias. No tiene sentido hablar de padres e hijos en asociación. El padre es un dictador en una jerarquía. Al mismo tiempo, tampoco queremos que el hijo acabe siendo un dictador. En este extremo, el niño puede comer lo que quiera, por ejemplo, patatas fritas y helado cada día. Ambos extremos son poco saludables. Lo ideal es algo intermedio, donde los padres entienden que tanto ellos como los hijos tienen deseos que han de ser tomados en cuenta. Los padres sensatos llevan la batuta, pero no de una manera dictatorial. Estos padres comprenden que si no respetan los sentimientos del niño, no surgirán soluciones duraderas.

Cuando caí en la cuenta de que estaba interpretando la negativa de Maia a comerse mi lasaña como un ataque a mi guion subconsciente de chef de *gourmets*, fui capaz de cambiar. Al comprender que lo que me impulsaba era mi necesidad subconsciente de considerarme a mí misma una madre que se tomaba la molestia de preparar comida exquisita para su hija, no lo que era realmente mejor para ella, decidí apartarme del enfoque sobre cómo Maia debería haber respondido a mi «gran atención maternal» y en lugar de ello expresé mis sentimientos. «Mira, Maia —dije—, mamá ha intentado hacer algo que te gustara.»

«Ya lo sé, mamá —dijo ella—, pero la próxima vez no te

esfuerces tanto. Me gustan todas las verduras por separado, no juntas en una lasaña.» Creo que, como no quise que se pusiera a la defensiva, ella fue capaz de identificar sus necesidades de una manera simple. A continuación, cogí el plato y lo dejé a un lado... junto con mi ego. Maia siguió leyendo como si no hubiera pasado nada, ajena a la batalla que había estado librándose en mi cabeza. Para ella era solo cuestión de disfrutar de las verduras tal cual, no de valorar mis grandes habilidades culinarias pese a toda la carga emocional que les había añadido yo aquella tarde.

Aunque parezca mentira, me sentí aliviada. En el fondo sabía por intuición que había evitado un gran error parental. El drama no llegó a provocarse por el mero hecho de que yo no impuse mi guion subconsciente. Para mí fue una revelación. Vi claro que la idea de «disciplina» es un constructo mental que surge del subconsciente de los padres. Lo que interpretamos como necesidad de disciplina no proviene de la conducta del niño, sino de nuestro vínculo emocional a una idea concreta de «cómo debería ser mi hijo».

Creamos películas sobre cómo tendrían que ser las cosas debido a nuestra incapacidad para aceptarnos a nosotros mismos —y por tanto aceptar a los demás— «tal cual». La clave del estilo parental efectivo es prescindir de las películas y asumir el «tal cual». Cuando adoptamos el «tal cual» de los hijos, ya no les echamos más la culpa por no ser quienes nosotros necesitamos que sean, y ya no intentamos cambiarlos. Nuestro estilo parental se aleja del control y se acerca a la orientación.

10

Abandona la idea de perfección

Recuerdo la primera vez que Maia me contempló después de haberle yo gritado, como diciendo: «¿Por qué estás mirándome como si yo fuera una mala persona?» Al ver la reveladora mirada de mi hija, noté una sacudida.

En ese momento fui plenamente consciente de que ningún niño se siente intrínsecamente malo. Sentirse malo deriva solo del modo en que otras personas interaccionan con ellos, sobre todo sus padres. A los niños ni siquiera se les ocurre la idea de que les pasa algo «malo» hasta que se la implantamos. ¿Y por qué creemos que les pasa algo? Solo porque son diferentes de nosotros.

Nancy y su hija Samantha son un ejemplo de esto: han experimentado un choque de voluntades desde que Samantha cumplió los dos años. «Como el agua y el aceite —dice Nancy de su dinámica, lamentándose—. No la entiendo, sabe con exactitud cómo irritarme.»

¿Es verdad que Samantha pretende fastidiar a su madre? ¿O lo que a Nancy le resulta desagradable es solo que Samantha se mantenga fiel a su carácter? Nancy es afable, ordenada e introvertida; Samantha es chillona, bulliciosa, desordenada e incluso algo torpe. En otras palabras, la manera de ser de Samantha choca con el carácter perfeccionista de Nancy.

«No puedo dejar de fijarme en las cosas malas que hace —se queja Nancy—. Créame, hace un sinfín de cosas malas.» ¿De verdad está siendo mala Samantha? Me parece que Nancy califica de «malas» las diferencias que detecta en su hija porque no forman parte de la imagen idealizada de lo que debería ser una hija. De ahí que, sin darse cuenta, Nancy haya caído en la trampa de imponer disciplina a su hija solo porque es distinta. Considera que cada diferencia entre ellas es una muestra de «mala conducta». Lo cual genera en Samantha un mecanismo de supervivencia consustancial, por el cual está resuelta a hacerse valer todavía más.

Un aspecto inconsciente de la naturaleza humana supone evaluar y calificar de «malas» estas cosas que no comprendemos. Hemos de aceptar el hecho de que, a veces, las cosas que hacen los niños no tienen ninguna lógica. Mientras unos desafían nuestras preciadas fantasías de vez en cuando, otros lo hacen cada día, incluso cada hora. Cuando el comportamiento de los niños nos rompe los esquemas, que suelen ser rígidos y limitados pese a que nos gusta considerarnos abiertos, los juzgamos con dureza. Curiosamente, son *nuestros* mapas cerebrales los que *crean* los esquemas, pues los niños no disponen de esos medios. Ellos son muy flexibles; nosotros, bastante menos. Esto es particularmente cierto en el caso de los niños que se salen del camino convencional, tienen necesidades especiales, son excesivamente sensibles o sufren problemas de atención y de aprendizaje, etcétera. Estos niños son muy vulnerables a las etiquetas negativas. Sin darnos cuenta, el uso inconsciente de estos calificativos provoca en ellos aún más conductas que se salen de la norma.

Hasta que los temas del subconsciente son llevados al conocimiento consciente, damos por supuesto que los roles «buenos» recaen en nosotros y asignamos los «malos» a los otros. Esto es una proyección. Como no somos capaces de reconocer nuestros puntos débiles, los separamos de la conciencia y los colocamos en los demás. ¿Por qué proyectamos los puntos débiles en lugar de admitirlos? La explicación es que no hemos aceptado nuestra condición humana, con su proclividad a cometer errores de lo más inconscientes, incluso estúpidos. Tampoco es que hayamos evolucionado lo suficiente para entender que la capacidad humana es variada, multifacética e incuantificable. El mero hecho de que alguien se sitúe fuera de la corriente dominante no significa que sea menos normal o tenga menos talento por méritos propios. Nuestra feroz insistencia en empujar a todo el mundo para meterlo bajo la misma curva de distribución normal (campana de Gauss) tiene efectos muy nocivos en los niños, sobre todo en los que no son capaces de sobrevivir a esas medidas normativas.

Vayamos un paso más allá. Si tu hijo es torpe y te avergüenza en una fiesta porque es un inadaptado social, ¿cómo reaccionas? Quizá critiques y juzgues su conducta con severidad. Ello se debe a que parece intolerable que tu progenie sea diferente del resto. Consideras el problema como un reflejo de tu propia ineptitud, que te resulta insoportable.

La incapacidad de permitirnos a nosotros mismos o a nuestros hijos ser considerados menos que perfectos es ciertamente triste. Ser humano *es* tanto como ser imperfecto. No obstante, parece que admitir que somos imperfectos equivale a caer en desgracia.

Si estás actuando en una obra de teatro en la escuela y se te ha olvidado el texto, ¿cómo te sientes? Seguramente tan avergonzado que dirías aquello de «tierra, trágame». En un momento así, te torturas pensando que los demás se ríen de ti, se burlan incluso. En un partido importante para tu equipo, si pierdes el balón cuando conviene controlarlo, ¿cómo te sientes? Intentas disimular el bochorno en vez de considerar simplemente que se trata de un balón perdido sin nada que ver con tu carácter y con tu incalculable valor como ser humano.

Asumir las imperfecciones es una lección difícil que debemos integrar en nuestra vida, no digamos ya enseñársela a los hijos. La mayoría arrastramos cierta incapacidad para aceptar las imperfecciones, razón por la cual los niños arrastran similares cargas de culpa, odio y reprobación hacia sí mismos. Casi todas las mujeres que conozco tienen problemas ligados al aspecto y al peso, al igual que muchos hombres. A otros les preocupa no estar a la altura en su carrera. Quizá consideran que no ganan suficiente dinero. Y desde luego todos sabemos que tenemos puntos flacos cuando se trata de nuestra forma de relacionarnos. Por desgracia, los padres inevitablemente transmiten su inseguridad sobre sus defectos a los hijos, que acaban viéndose a sí mismos de un modo similar.

Aunque necesitamos abandonar la necesidad de perfección, esto no significa que «todo vale». Podemos alentar a los niños a que hagan lo posible sin exigirles que se vuelvan perfeccionistas ni se ajusten a la corriente principal. Recuerdo cuando intentaba enseñar esto a Maia mediante un ejercicio rutinario de escritura. Por lo general, su escritura es legible, diría incluso que tiene buena letra. Pero una noche, mientras hacía los deberes, vi que escribía de forma irregular y desordenada. Le sugerí con tacto que volviera a escribir aquello con su letra, habitualmente cuidada. Maia se ofendió: «Qué mala eres, mamá. ¡Con lo que me he esforzado!» Se le llenaron los ojos de lágrimas mientras añadía: «Me duele que no te guste mi letra.»

Comprendiendo que yo debía orientarla hacia la toma de conciencia de que los actos externos, como la forma de escribir, no tienen nada que ver con nuestro valor como personas, repliqué: «Gracias por compartir tus sentimientos. No tienes por qué cambiar tu letra si no quieres. Lo que has de entender de verdad es que tu letra no es Maia. Tu pelo no es Maia. Tu cara no es Maia. Tu habitación no es Maia. Tu ropa no es Maia. Tus calificaciones no son Maia. Nada de todo esto es Maia. Eres más que cualquiera de estas cosas, y mucho más que todo junto. Eres algo más maravilloso y hermoso, tu esencia misma. Esta esencia nunca será fea, estúpida ni inferior. Será siempre excelente, tal cual. De modo que si yo, tu profesor o cualquier otro niño te dice que tu pelo es feo, o que escribes torcido, recuerda que, como esto no constituye tu verdadero yo, que es solo una forma temporal de expresión, no te define. Tal vez ya no dolerá tanto si te sugiero que escribas como siempre haces, con tan buena letra. Pero eres tú quien ha de decidirlo.»

Me miró atónita. ¿De qué demonios estaba hablando mamá? Yo sabía que le costaría captar los conceptos, pero estaba echando semillas que darían fruto cuando ella estuviera preparada.

«Vale, lo intentaré otra vez —dijo Maia—. Tampoco cuesta tanto volver a hacerlo.» Hasta cierto punto había entendido que no debía tomarse tan en serio esas manifestaciones externas de su personalidad. Estaba aprendiendo a aceptar sus imperfecciones sin dramatizarlas en exceso y a considerarlas, en cambio, una oportunidad para aprender.

Si nos aceptamos como imperfectos, marcamos la pauta para los hijos. El grado en que ellos aceptan sus imperfecciones tiende a ser el grado en que nosotros aceptamos y respetamos las nuestras.

«Oh, mamá, que gorda estás —me dijo un día Maia mientras jugaba a caballito en mi espalda—. Mira tus sobacos fofos y blandengues», añadió. En ese momento, reconocí que podía tomarme sus comentarios de forma personal, dejando que me hiriesen, o podía aceptar mi anatomía tal como es, enseñándole de este modo que la autoestima no tiene por qué estar ligada al aspecto.

En vez de decirle que era una niña mala y que me había ofendido, dije: «Sí, ya lo sé. Son como las alas de un avión, ¿verdad?» Y las dos soltamos unas risitas.

Si ve que sus padres no se inmutan ante sus propias imperfecciones, el niño aceptará las suyas como un hecho irremediable de la existencia. En vez de calificar ciertos aspectos de su personalidad como «buenos» o «malos», aprende a integrarlo todo sin dificultad.

> Si nos aceptamos como imperfectos, marcamos la pauta para los hijos. El grado en que ellos aceptan sus imperfecciones tiende a ser el mismo en que nosotros aceptamos y respetamos las nuestras.

Cuando empieza a andar, un niño tropieza y se cae innumerables veces. Con las imperfecciones pasa lo mismo. Si las aceptamos en vez de considerarlas algo vergonzoso, les damos la libertad para evolucionar siguiendo su ritmo natural.

¿Cómo funciona esto con los padres que sufren depresión o se odian a sí mismos? No intentan parecer perfectos, pero ¿no pasan a estar demasiado dispuestos a admitir sus defectos?

Mientras que la mayoría de nosotros proyectamos en los demás una sensación de carencia, creando una brecha entre el modo en que nos vemos a nosotros mismos y la manera en que vemos a los otros, las personas deprimidas crean una brecha en su interior: dirigen esta sensación de carencia hacia ellas mismas. Mientras casi todos dirigimos la crítica interna contra alguien como los hijos, el individuo deprimido lo hace contra sí mismo. En ambos casos, mengua la capacidad para verse como un ser humano cabal, con puntos fuertes e imperfecciones. Solo aceptándonos sin grandilocuencia ni aversión —sin «soy perfecto» o «no tengo remedio»— puede producirse la transformación.

El «tal cual» de nuestra naturaleza debe ser aceptado sin

reservas. La crítica interna es un déspota sentencioso que no tiene ningún valor en absoluto. Cuando sentimos compasión hacia nosotros mismos en vez de pedir perdón por lo que somos, comenzamos a aceptar a los otros por lo que son. Dicho de otro modo, la empatía hacia el yo da lugar a empatía hacia los demás. En un ambiente así, los hijos crecen bien.

Cuando la agenda subconsciente choca con la esencia de lo que son los hijos, al margen de nuestras intenciones aparentes, nace un conflicto. Un niño puede detectar cuándo está siendo coaccionado para que realice una actividad que no es propiamente para él. Por tanto, la finalidad del liderazgo parental debe ser siempre el desarrollo natural del niño conforme a sus aptitudes e inclinaciones exclusivas. Cuando una actividad encaja en las aptitudes de un niño, este tiende a aceptarla porque se da cuenta de que estamos pidiéndole algo que concuerda armónicamente con su alma.

Sin pararse a pensar, en cuanto saben que van a tener un hijo, muchos padres empiezan a comprar enseguida pelotas de fútbol y gorras de béisbol. Se mueren de ganas de lanzarle la bola y enseñarle a meter goles. Pero ¿y si el niño prefiere ballet, como explica Billy Elliot en una película del año 2000, en la que un chico se debate entre su pasión por la danza y un padre que quiere que aprenda a boxear? El apego a una imagen idealizada de lo que debería interesarle a un varón hacía que para ese padre fuera insoportable aceptar a su hijo tal como era.

Tony, abogado de altos vuelos, es un ejemplo clásico de padre a quien le costó muchísimo aceptar a su hijo. Mientras viajaba por el mundo, llevando una vida agitada, Tony había adquirido la capacidad de realizar múltiples tareas hasta el punto de que la eficiencia había llegado a ser su sello característico. Su hijo Nathan no se le parecía en nada. De naturaleza sensible y voz suave, Nathan se movía despacio, procesaba la información despacio, hablaba despacio. Tony interpretaba esto como una resistencia y se indignaba. Incapaz de entender la personalidad más fantasiosa, pasiva y observadora de Nathan, siempre estaba gritándole: «¿Qué te pasa? ¿Por qué no te apuras? Date prisa, por el amor de Dios.» Lo cual empujaba a Nathan a encerrarse y retraerse aún más.

En su mundo de padre, Tony tenía razón. Según su agenda subconsciente, hay que vivir la vida con toda la intensidad. Cuando miraba a su hijo, que estaba en el extremo opuesto, se le venía abajo todo lo que valoraba. Al tiempo que el padre veía en la lentitud de Nathan un motivo para imponer disciplina, el hijo era simplemente quien era de manera natural.

Entre las expectativas de los padres para los hijos, demasiados de ellos esperan que su hija algún día les dé nietos. Si la hija decide tomar otro camino, uno que tal vez pase por no tener hijos, tener diferentes parejas a lo largo del tiempo o no tener ninguna, a los padres tal vez les cueste celebrar estas decisiones.

Como padres, creemos estar presentes con los hijos, escucharles y estar a su lado apoyándoles. Apenas nos damos cuenta de que en innumerables ocasiones hacemos justo lo contrario. Estar presentes con los hijos significa ser conscientes de nuestra agenda subconsciente para no imponérsela a ellos. Escuchar a los hijos significa estar pendientes de lo que dicen sin el impedimento de nuestras ideas, opiniones y evaluaciones. Ser un respaldo a lo largo de todo su desarrollo significa estar dispuestos a abandonar nuestra idea de cómo han de vivir su vida, un concepto que se basa exclusivamente en nuestra actitud y nuestra experiencia, no en las suyas.

> Estar presentes con los hijos significa ser conscientes de nuestra agenda subconsciente para no imponérsela a ellos.

Para estar presente, escuchar y apoyar a los hijos hay que ser realista. Nadie puede librarse por completo de su agenda subconsciente. La clave radica en ser consciente de la misma y analizar las distintas formas en que obstaculiza la conexión con los hijos en el nivel de los sentimientos.

En vez de castigar a los hijos por vivir su propia vida, les invitamos a entrar en su conciencia de sí mismos para que sean capaces de moldear su vida de una manera que sea fiel a ellos. De este modo les estimulamos en el viaje que ha de conducirles a ser cada vez más auténticos.

11

Aquí vive un niño fuerte

Como los niños entran en el mundo conectados a sus sentimientos, son conscientes de lo que les hace felices y se apartan enseguida de lo que les desagrada. Pero poco a poco, como consecuencia de su interacción con los padres y la sociedad, acaban viéndose empujados a ocuparse no tanto de su propio ser interior como de agendas surgidas del condicionamiento de sus padres y otros cuidadores.

Dado que lógicamente es más fácil y rápido dar a un niño un guion precocinado que tomarse el tiempo de abordar una necesidad con la clase de franqueza y originalidad que exige el momento, los padres han de ser plenamente conscientes de la tendencia a imponer al hijo las soluciones clónicas con las que ellos mismos fueron educados.

Por más que parezca pesado y nos lleve mucho tiempo responder a las necesidades de los niños de forma auténtica, a largo plazo generamos para nosotros un trabajo exponencialmente más duro si no lo hacemos. Ello se debe a que las necesidades no afrontadas en el momento tienen la cualidad de crecer desmesuradamente, y luego pueden volverse destructivas e imprevisibles, lo que se traduce en conductas gravemente disfuncionales. Si permitimos que eso pase, estamos metiéndonos sin querer en un hoyo de descontento. A todos los padres les habría gustado «hacer las cosas de otra manera» cuando sus hijos eran pequeños.

He aquí un ejemplo de lo importante que es escuchar con atención a los hijos, lo que quieren decir *de verdad*, no lo que nosotros *queremos* que digan. Cuando mi hija tenía tres años, fue mordida inesperadamente por un perro con el que ella jugaba a veces. *Bozo* y Maia se adoraban mutuamente, pero en la agitación del juego, *Bozo* la mordisqueó detrás de la oreja y hubo que ponerle puntos de sutura en el hospital; una experiencia traumática para una niña de esa edad, no digamos para los padres. Entre sollozos, Maia declaró con vehemencia: «Odio a *Bozo*. ¿Qué le pasa a *Bozo*? Estoy muy enfadada con él.»

Temerosa de que este incidente la dejara marcada de por vida y suscitara una fobia a los perros, intenté apaciguarla: «Oh, Maia, no te enfades. *Bozo* no quería hacerlo. Con tanto alboroto, se equivocó.»

Maia estaba lanzada: «No, mamá, es un perro malo, y ya no me gusta. No se porta bien.»

Empezó a bailarme en la mente un comentario: «Oh, no, maldito perro. Por culpa suya mi hija tendrá problemas psicológicos con los perros durante el resto de su vida. Siempre le han gustado los perros, y ahora este chucho lo ha echado todo a perder.»

Cuando ya me disponía a buscarle más excusas a *Bozo* para que Maia lo viera bajo otro prisma, caí en la cuenta de mi error. Comprendí que mi necesidad de apaciguarla provenía de mi propia ansiedad. No sé, era como si por mi cabeza se desplegara una película de lo bien que se llevaban Maia y los animales, y de pronto la vida había desbaratado mi trama. El «tal cual» de la situación me resultaba inaceptable. Al asumir el papel virtual de directora de la película, había intentado manipular a Maia para que viera las cosas como yo.

La cuestión clave de los sentimientos es que no tienen por qué tener sentido, no hay necesidad de justificarlos y no requieren nuestra aprobación. Como estamos tan orientados hacia la intelectualización, queremos explicar los sentimientos en vez de permitir a los hijos experimentarlos sin más. El problema es nuestra incomodidad, que hemos de aprender a aguantar.

Menos mal que Maia actuaba con resolución y la expresión de sus sentimientos era auténtica. Acertada o no en su razonamiento, estaba mostrando una indignación genuina por el hecho de que *Bozo* la hubiera lastimado. Al intentar desviar sus sentimientos, yo estaba invalidando su percepción de la experiencia. Quería que se sintiera como creía que debía sentirse, no como se sentía en realidad. Si hubiera seguido por ese camino, habría sido yo quien habría creado un problema psicológico a partir del incidente.

Quien acertaba era mi esposo, que con toda naturalidad dijo: «Estas cosas pasan y no podemos controlarlas. Utilicemos este momento para enseñar a Maia a afrontar los traumas de la vida en vez de fingir que no han pasado o que no son tan malos como ella cree.» Esto para mí fue una revelación, gracias a la cual dejé de presionar a Maia para que encajara en mi guion y le permití sentir sus emociones. De hecho, al dejar que se expresara con tono vociferante, decidí compartir con ella su experiencia.

Maia siguió expresando su enojo durante días, incluso escribiendo cartas a *Bozo* y haciendo dibujos para mostrarle cómo se sentía. Esto le ayudó a procesar sus emociones, que poco a poco menguaron, lo que le permitió acoger de nuevo a *Bozo* en su vida. Mis temores no se hicieron realidad y hoy por hoy ella continúa adorando a los perros.

Cuando interaccionamos con los niños a su nivel permitiéndoles que sigan su camino natural, no suelen ser necesarias las palabras; de hecho, estas pueden contaminar fácilmente la experiencia. Lo único que se requiere es nuestra presencia sintonizada. Si nos limitamos a presenciar los sentimientos del hijo, dejándole tranquilo con lo que está experimentando sin tratar de distraerlo ni presionarlo para que se aleje del estado en que se halla, enseñamos el arte de la autorreflexión. Veo a muchos niños que, inseguros de sus sentimientos, recurren a los padres para saber cómo han de sentirse. Cuando un niño debe consultar continuamente con sus padres para comprobar si es correcto sentirse de determinada manera, es que ha perdido contacto con su propio centro de gravedad.

En mi libro *Padres conscientes*, hablo de una época en que Maia tenía cuatro años y mostraba un estado de ánimo especialmente agitado. Nerviosa y difícil de contentar, no paraba de decir que se aburría y que no tenía nada que hacer. Como esto removió mi idea de que yo tenía que ser la clase de madre que mantuviera estimulada a su hija, mi primer instinto fue rescatarla... y, en el proceso, rescatarme a mí misma. ¿No se supone que los buenos padres programan el tiempo de sus hijos? Mientras meditaba sobre si encender el televisor, llevar a cabo un proyecto con ella o llevarla al parque, lo vi claro: «¿Cómo aprenderá ella a afrontar su aburrimiento si la rescato cada vez?» Cuando gestionan sus emociones sin ayuda externa, los hijos desarrollan tenacidad emocional. Le dije: «Por estar aburrida no pasa nada. No tiene nada de malo. Sigue aburriéndote.»

Me miró no solo con gran decepción, sino también como si yo estuviera un poco loca. Mientras me iba de la habitación, ella masculló algo para sus adentros, y siguió haciéndolo hasta mucho después de haber desaparecido yo de su campo visual. Al cabo de un rato, advertí que habían disminuido los gemidos. Cuando volví a su cuarto, la sorprendí canturreándole satisfecha a su muñeca.

Si yo no hubiera eludido mi necesidad de «arreglar» el

problema, rescatarla o incluso ser la madre siempre divertida, no habría sido capaz de animar a Maia a convivir con sus
sentimientos para aprender a sortearlos por su cuenta. Incapaz de soportar las sensaciones que el aburrimiento de
Maia me provocaba (por ejemplo, la de ser una madre inep-
ta), o bien le gritaba diciéndole que estaba poniéndose pesada, o bien la rescataba. De hecho, solo me habría rescatado
a mí misma, enseñándole al mismo tiempo diversas lecciones destructivas, como la de que los sentimientos dan miedo
y no podemos aguantarlos, o que se pueden evitar y arreglar
mediante la distracción. Y ella habría aprendido a confiar
en ayudas superficiales y pasajeras que le permitieran superar sus sentimientos, no a experimentarlos cuando aflo-
raran.

Ningún niño en contacto con el momento que vive va a
aburrirse. El momento presente contiene una vitalidad de la
que los niños enseguida sacan provecho si les damos margen
para ello en vez de precipitarnos a llenar el aparente vacío. Es
ahí donde los padres toman la iniciativa, como hice yo en esa
situación, marcando la pauta.

Si los padres emiten el tipo de vibraciones que dan la bienvenida a los sentimientos, incluso cuando es difícil soportar-
los, el niño aprovecha esto y a
la larga aprende a gestionarlos
de una forma saludable. Por
desgracia, las vibraciones que
muchos transmitimos a los hijos les indican que sus sentimientos son inoportunos,
sobre todo si están dirigidos a
nosotros. De esta manera, debilitamos su capacidad para
sentir, mediante el aislamiento o cualquier otra clase de

> Si los padres emiten el tipo de vibraciones que dan la bienvenida a los sentimientos, incluso cuando es difícil soportarlos, el niño aprovecha esto y a la larga aprende a gestionarlos de una forma saludable.

disciplina orientada a castigarles por sus sentimientos, y estos, al ser reprimidos todavía más, acaban convirtiéndose en un caldo de cultivo de disfunciones graves en la adolescencia y más allá.

Los sentimientos de un niño pueden parecernos estúpidos a los adultos, pero para él no lo son. Un ejemplo que viene al caso es el miedo a la oscuridad. Kathleen, de ocho años, llevaba semanas sin dormir una noche entera, debido a lo cual sus padres, Stacey y Robert, no sabían qué hacer. Kathleen, una niña normalmente equilibrada, había desarrollado un miedo a los fantasmas, a los zombis y a los monstruos que por la noche le provocaba ansiedad. «Le digo una y otra vez que no hay fantasmas ni zombis, pero se niega a escucharme —se quejaba Stacey—. Ya no sé cómo explicarle que estas cosas no existen.»

Robert añadió: «Hemos intentado todos los trucos imaginables: sobornarla, castigarla por despertarnos, incluso dejarla llorar sola en su cuarto. Por lo visto nada funciona. La niña insiste en estar aterrorizada.»

Los padres de Kathleen, que ya estaban perdiendo la paciencia, empezaban a pensar que, teniendo en cuenta su edad, la niña se comportaba de una manera anómala y pensaron que quizás hacía falta una evaluación psicológica para averiguar si sufría alucinaciones.

«El primer paso consiste en entender que las ansiedades no son un asunto disciplinario —les dije—. El segundo es dejar de repetir que los fantasmas y los zombis no existen.»

«¿Cómo? —protestó Stacey—. ¡No puedo animar a mi hija a que crea que en el mundo hay criaturas extrañas! No quiero que sus amigos se rían de ella.»

«Usted ha dejado que creyera en Papá Noel, ¿no?», dije.

«Pues claro —replicó Stacey—, porque Papá Noel es bueno, no temible y escalofriante.»

«Cuando los niños expresan sus temores, hemos de alinearnos con ellos, no oponerles resistencia —expliqué—. Si oponemos resistencia, los miedos se vuelven exagerados porque entonces los niños se sienten solos en su ansiedad.»

Si ante las ansiedades experimentadas por los hijos reaccionamos con el soborno, la amenaza o el castigo, no abordamos lo que esos miedos representan para ellos. Mediante símbolos imaginarios como los fantasmas, los zombis o los monstruos, los hijos están tratando de decirnos que se sienten inseguros y mal preparados para desenvolverse en un mundo siniestro. Están pidiéndonos que les ayudemos a averiguar cómo pueden encajar en un escenario aterrador y que les procuremos herramientas para ello. Si les decimos que los monstruos no existen, contradecimos lo que están sintiendo. Para ellos sus miedos son monstruos, razón por la cual «ven» estos miedos como imágenes, algo similar a las imágenes que aparecen en nuestros sueños nocturnos de adultos.

«Kathleen está expresando algo que para ella es muy real, y les suplica que la comprendan —continué—. Lo que intenta decirles es que se siente insegura. Está manifestando una falta de control en su vida. En vez de decirle que los fantasmas no existen, ayúdenla a sentirse fuerte en su relación con el mundo.»

«¿Y cómo lo hacemos?», preguntó Robert.

Expliqué que hay muchas maneras de crear una sensación de seguridad para un niño, pero que lo fundamental es permitirle sentir lo que siente. La validación y la empatía son la clave. He ayudado a muchos niños a crear zonas seguras en sus habitaciones, donde eligen juguetes suaves que les protejan por la noche. Algunos ponen en las ventanas pósters con diversos anuncios: «Prohibidos los fantasmas», «Aquí vive un niño fuerte... Atrás».

Un amigo mío, en la actualidad una de las personas más fuertes que conozco, de pequeño dormía con una docena de animales de peluche puestos en fila en la almohada, hasta el punto de que una vez su padre preguntó: «¿Y dónde pones tú la cabeza?»

La película *E.T.* que vimos con un niño, sirvió para que este comprobara que los extraterrestres y los monstruos pueden tener un gran corazón. Nos centramos en cómo algo puede parecer aterrador por fuera, pero ser afectuoso y bondadoso por dentro.

Interpretamos roles de zombis y monstruos con un niño algo más mayor gracias a lo cual este pudo dar voz y forma a sus miedos. Alguien me lo explicó así: «Inventaba historias con mis hijas. Hablábamos de lo estúpidos que eran los fantasmas y de que no podían ser tan poderosos. Qué diablos, al parecer el único sitio donde viven es en casas asquerosas, y si no pueden salir durante el día, ¿qué van a hacer entonces? ¿Pasar a través de mí? Oh, qué miedo.»

Otro niño escribía cartas a su hada secreta y le pedía protección. Cada noche, su madre disfrazada de hada le dejaba notas bajo la almohada. Por medio de estos preciosos intercambios, el niño aprendió a confiar en que el mundo es un lugar seguro.

Podemos ayudar a los hijos a enfrentarse al mundo de muchísimas maneras. Lo que hace falta es creatividad, no amonestaciones ni disciplina. Si capacitamos a los hijos de este modo, les habilitamos para afrontar el estrés, por lo cual les dotamos de recursos para resolver los traumas con resiliencia y no con miedo. La manera en que les ayudemos cuando son pequeños será la manera en que superarán más adelante las crisis adultas.

Kathleen empezó a inventar escenarios en la terapia, asignándonos roles alternos de diferentes criaturas para escenas distintas. También utilizaba figuritas para crear un ejército que la protegería en la «batalla contra los monstruos». Con el tiempo adquirió cierto dominio sobre sus miedos y aprendió a soportar la avalancha de fantasmas, zombis y monstruos a la que se enfrentaba de noche. En otras palabras, el trabajo que hizo con sus padres en la terapia la ayudó a ser más fuerte cuando estaba sola en la oscuridad.

Podemos ayudar a los hijos a enfrentarse al mundo de muchas maneras. Lo que hace falta es creatividad, no amonestaciones ni disciplina.

Cuando se permite a un niño sentir exactamente lo que siente mientras recibe nuestro apoyo, los sentimientos no acaban escindidos sino integrados. Si no se les permite ser lo que son, los sentimientos nunca desaparecen, sino que se convierten en una forma distorsionada que puede manifestarse como conducta anómala. En definitiva, si son negados, los sentimientos sufren una especie de metástasis, con lo que se vuelven emocionalmente cancerosos. Y entonces aparecen en otra parte, quizás en forma de alteración del sueño, pesadillas, problemas físicos como dolores de estómago o de cabeza, y en situaciones más extremas, arrebatos incontrolables o incluso depresión.

He recalcado muchas veces que los sentimientos sin procesar se transforman en necesidades insatisfechas que más adelante pueden hacer estragos. Los padres prudentes permiten que los sentimientos de su hijo se metabolicen del todo.

12

No tiene que ver contigo

Todos los padres creen estar educando a su hijo como más le conviene a este. Al fin y al cabo, todos pensamos que hay que poner las necesidades del chico primero, incluso por delante de las nuestras.

Aunque esto es lo que nos decimos a nosotros mismos, me parece que es una vana ilusión. La realidad es que todos actuamos a partir de *nuestras* necesidades, también cuando se trata de la crianza de los hijos.

A menudo pregunto a los padres por qué tuvieron hijos. Sus respuestas son variadas: quería tener la experiencia, me encantan los niños, quería ser padre/madre, deseaba formar una familia, quería ver cómo era amar a un niño y ser amado por él. Son respuestas que me han dado muchas veces.

Lo que destaca en todas ellas es que se dan en primera persona: [yo] quería... Esto indica que, para muchos, tener hijos tiene más que ver con ellos que con el niño. Nos hacemos mayores creyendo que esto es lo que se espera de nosotros. Casi como un elemento más de una lista de tareas en la que se incluye la educación, la carrera o comprar una casa, el hecho de tener un hijo nos permite sentirnos «normales». Lo asociamos a vivir una vida de éxito.

Para los hijos, nosotros somos una necesidad emocional. Todos tenemos un deseo vehemente de ser amados incondicionalmente por otro. Esta suele ser la fuerza impulsora que subyace al deseo de tener hijos. Como parte de nuestro deseo de sentirnos completos, tendemos a utilizar a los hijos para hacer realidad nuestros sueños no cumplidos, empujándolos a triunfar como si de algún modo esto pudiera satisfacer nuestros anhelos. Si nos preocupamos así de nuestras necesidades, es fácil que no respetemos las necesidades de ellos.

Paradójicamente, la preocupación por nuestras necesidades también puede tener el efecto contrario. En vez de no escuchar los sentimientos de los hijos, nos volvemos demasiado sensibles a estos. Cuando esto pasa, es muy probable que hagamos un esfuerzo tremendo por protegerlos. Los padres «helicóptero» es un ejemplo clásico de lo que quiero decir. Estos padres sienten la necesidad de rondar alrededor de sus hijos en todo momento, creyendo que así demuestran ser de lo más diligentes. Muchos de ellos sacrifican todo su tiempo libre, sus intereses y su energía para estar con sus hijos las veinticuatro horas. Aunque parezca que sus esfuerzos son desinteresados, en realidad estos padres están necesitados.

En la generación de mis padres, los sentimientos de los niños se solían pasar por alto. En nuestra época más armonizada con el ámbito psicológico, hay una tendencia a proteger en exceso. Esto ocurre cuando confundimos el hecho de estar atentos a los hijos con el identificarse demasiado con lo que están experimentando.

Una madre me dijo lo siguiente: «En la escuela primaria, tuve una experiencia terrible con un maestro. Desde entonces he temido a las figuras de autoridad. Yo no me daba cuenta de este miedo porque estaba enterrado. Al cabo de casi treinta años, cuando mi hija de ocho fue regañada por su maestra, noté que aquellos viejos sentimientos resurgían en mi interior al recordar mi dolor, con lo que acabé llorando más que la niña. Cuando le dije que cambiaríamos de escuela, se sobresaltó y empezó a consolarme en vez de ser yo quien la calmara a ella. "No quiero cambiar de escuela ni de maestra —dijo—. Me gusta mi maestra. Simplemente, no me ha gustado que me hablara así. Todo va bien, mamá. Todo irá bien.".»

Aprender a caminar por la fina línea entre la sintonía con los hijos y la reacción excesiva es todo un arte. Por parte de los padres requiere que sean conscientes de que, en cualquier momento, puede entrar en acción su propia necesidad. Tal vez nos preguntemos esto: «¿Cómo voy a estar necesitado si lo único que hago es dar? ¿Cómo va a ser una necesidad mía estar sentada en una pista de tenis una hora tras otra viendo jugar a mi hija, sacrificar mis fines de semana y gastarme una fortuna?» A fin de entender cómo utilizamos a los hijos con la finalidad de hacer realidad nuestras expectativas no satisfechas hemos de iniciar un proceso sincero de reflexión, lo que yo pido a los padres que hagan en *Padres conscientes*.

Para respetar los sentimientos de los hijos hemos de crecer, incluso cuando les ayudamos a superar sus obstáculos del desarrollo. Todavía recuerdo estar quejándome a mi madre cuando Maia era pequeña: «Está volviéndose imposible. No la comprendo.» Como yo era incapaz de reconocer de dónde venía mi hija, la niña me sacaba de mis casillas, lo cual, naturalmente, me empujaba a proyectar mis frustraciones sobre ella. El resultado era una actitud brusca por mi parte. Al observar esto, al principio mi madre tuvo paciencia conmigo, lo que me permitía sentirme contrariada por el hecho de que Maia no se ajustaba a mi fantasía de quién debería ser. Sin embargo, llegó un día en que, tras una mañana angustiosa, mi madre se sentó conmigo y dijo: «Mejor que te sacudas de encima este victimismo. Aquí no eres ninguna víctima. Y si lo es alguien, ese alguien es Maia. Ella no tiene la culpa de que no la entiendas, ni tampoco es culpa suya que no hayas conocido antes a una niña como ella. Solo se muestra como es. Es responsabilidad tuya entenderla y afrontar lo que quiera ser en un momento dado.»

Los hijos no han venido al mundo a ser nuestras marionetas. Han venido a forcejear, revolver, crecer y disfrutar... un viaje para el que necesitan nuestro estímulo. Tampoco están aquí para desobedecernos adrede. En su estado natural, no pretenden acatar órdenes ni desafiarnos (aunque están preprogramados para imitar). Tanto la conformidad como la rebeldía son indicadores de que la labor parental está fracasando. Para enderezar las cosas hemos de aceptar a los hijos exactamente tal como son.

Muchos de nosotros no hemos llegado a aprender a soportar los sentimientos, sean de angustia o de placer intenso. En lugar de ello, eludimos una conexión auténtica con lo que esté pasando en el momento, ahora mismo. Por eso hay madres que dicen: «Oh, estás triste. Te traeré un bol de helado.» La madre intenta ser una buena madre, pero está evitando el problema real. Le cuesta dejar que su hijo esté triste porque no puede soportar verlo sufrir.

> Los hijos no han venido al mundo a ser nuestras marionetas. Han venido a forcejear, revolver, crecer y disfrutar... un viaje para el que necesitan nuestro estímulo.

Cuando nos introducimos inconscientemente en una ecuación a la que no pertenecemos, obstaculizamos la capacidad de los niños para interaccionar con los flujos y reflujos de la vida de una manera orgánica. Impedimos el normal desarrollo de sus recursos. Por ejemplo, Maria, la hija de doce años de Sheila, se quejaba de no haber sido invitada al *bat mitzvá* de una amiga. La madre, incapaz de soportar el desengaño de su hija, cogió el teléfono y llamó a la madre —que participaba en su club de lectura— de la otra niña para pedirle que incluyera a su hija en la lista de invitados. La otra madre se indignó tanto ante el descaro de Sheila que puso a ambas, madre e hija, en la lista negra.

Cuando Sheila acudió a mí disgustada por la actitud de aquella madre, dispuesta a declararle la guerra, señalé que no habría pasado nada si ella se hubiese limitado a tolerar el malestar de su hija. Verse excluido es una experiencia normal de la vida que todo el mundo ha de ser capaz de afrontar sin sentirse inferior. Debido al exceso de identificación con la hija, Sheila privó a Maria de una experiencia normal, anulándole la posibilidad de descubrir su resiliencia y, por tanto, arrebatándole la oportunidad de desarrollar una destreza fundamental en la vida.

El verdadero problema era que Sheila estaba forcejeando con sus propios sentimientos de inferioridad en el ámbito social. La decepción de Maria provocó en Sheila una ansiedad tal que se sintió impulsada a manipular el mundo social de la hija. De hecho, estaba diciéndole a Maria: «Tú no eres capaz de manejar esto. Ya me encargo yo.» Estaba poniendo a Maria en su sitio de un modo sutil. El mensaje tácito era: «Si no consigues que te inviten a fiestas en las que yo dé una buena imagen, deberé intervenir para asegurarme de que nuestra familia recibe el reconocimiento debido.» En un nivel más profundo, desde luego, Sheila estaba explotando su propia sensación de haber sido rechazada siendo niña, factor desencadenante de su preocupación por la imagen social de la familia.

Mientras una madre como Sheila interviene enseguida y rescata a su hija a la menor señal de aflicción, otra madre que haya sufrido años de trauma acaso aborde la situación diciéndole a la hija que «sea fuerte». Me acuerdo de Madeline, madre de cincuenta y tantos años, cuyos padres habían estado emocionalmente ausentes en diversos episodios de cierta trascendencia: trabajos en el extranjero, períodos de la niña viviendo con parientes, un divorcio, etcétera. Como madre, se veía incapaz de relacionarse con los sentimientos de sus hijos porque sus problemas le parecían insignificantes en comparación con lo que ella había pasado.

Por ejemplo, en una ocasión su hija llegó a casa sintiéndose mal porque no le habían asignado el papel principal en una obra de teatro de la escuela para el que se había preparado muchísimo. Pese a las lágrimas de la niña, la madre fue incapaz de establecer lazos de empatía y replicó: «¿Qué? ¿Estás llorando por esta tontería? ¿Tienes la más remota idea de lo que he tenido que pasar yo en la vida? Nunca dejaría que algo así me preocupara. Ya se te pasará.» Tras retirarse a su cuarto, la niña lloró aún más y estuvo varios días distanciada de su madre.

Cuando Madeline me contó el incidente, dijo: «Yo creía que estaba ayudándole a afrontar la situación y a ser fuerte enseñándole a cabalgar las olas de la vida y no ser aplastada.»

«Está midiendo la experiencia de su hija en comparación con la de usted misma —expliqué yo—. Como tuvo que enfrentarse a enormes problemas de adulto a muy temprana edad, sin la posibilidad de procesar los sentimientos, ahora está desconectada de aquel que da la impresión de ser vulnerable. Usted le impone su sistema a la niña, pero ella no es usted. Usted se ha esforzado mucho para asegurarse de que ella no sufre los mismos percances, pero por otro lado la menosprecia por sentir ciertos percances que ella considera reales. El que no sean reales para usted no significa que tampoco lo sean para ella.»

Después de señalar que Madeline estaba reaccionando ante la tristeza de su hija basándose en sus propias experiencias y comparando, he de admitir que su deseo de ver a su hija más resiliente era bienintencionado. El problema es que debemos empezar desde donde está el niño, no desde donde creemos que debería estar. En ese punto es donde la terapia puede ser útil, pues un terapeuta cualificado puede facilitar el procesamiento de los sentimientos de un paciente en vez de imponer en dichos sentimientos su propia agenda, como muchos padres suelen hacer.

Si Madeline se hubiera sentado de entrada con su hija y le hubiera permitido experimentar sus sentimientos tal como eran, habría podido conducirla con tacto a entender que no siempre conseguimos lo que queremos. Mediante la tolerancia de las emociones, habría enseñado a su hija a sortear los inevitables altibajos de la vida cotidiana.

13

Aprende a interpretar las señales de tu hijo

Mediante su conducta, los hijos nos comunican continuamente lo que pasa en su mundo interior. Sin embargo, si no sabemos descifrar las señales, no podemos llegar a la raíz del comportamiento y, en consecuencia, no podemos ofrecer la guía y el apoyo necesarios.

Por ejemplo, un adolescente se negaba a bañarse. Su habitación estaba hecha un desastre y él dejaba un reguero de caos por todas partes. Incapaz de ver más allá de la conducta, de captar el mensaje subyacente a la misma, la madre le reprendía a diario por su estilo desaliñado. Creía que su único recurso era castigarlo. Primero le quitó el móvil, luego el ordenador y a renglón seguido la Play Station. Como nada de esto surtió efecto, le prohibió salir de casa, lo que solo sirvió para aumentar el sufrimiento de ella, pues el chico se mostraba más desordenado que nunca. Al final la madre, exasperada, le dio una bofetada y gritó: «¡Ojalá no hubieras nacido!» En ese momento se dio cuenta de que la situación estaba descontrolada y de que necesitaban ayuda profesional.

En la terapia, expliqué a la madre que ningún chico quiere realmente oler mal, vivir en una pocilga o tener un comportamiento desagradable. Si observamos a los niños pequeños antes de imponerles nuestra agenda, vemos lo orgullosos que están de su vida. Están orgullosos de un sencillo dibujo que han hecho, de ser capaces de vestirse, de saber atarse los cordones, así como de un juguete nuevo, de unos zapatos nuevos o de una prenda de vestir nueva. Si un niño se comporta de tal manera que demuestra no tener orgullo personal, es porque muy probablemente su mundo interior se ha convertido en un lugar deprimente para vivir. Cuando su sentido interno de sí mismo está tan empobrecido, este sentimiento no puede sino extenderse a su realidad exterior.

La madre empezó a ver que la conducta de su hijo era menos un acto de rebeldía que una indicación de su caos interno. En cuanto se dio cuenta de esto, se convirtió en su aliada en el dolor en vez de su adversaria. Dejó de centrarse en si el hijo se había limpiado la habitación y dirigió su atención a por qué no estaba motivado para ser ordenado.

Mientras el énfasis de la madre pasaba de intentar «arreglar» el comportamiento del hijo a ayudarle a mejorar su autoestima, la casa fue un lugar cada vez más seguro para que el chico fuera transparente. En lugar de dar la lata por todas las cosas que él no había hecho, la madre forjó una conexión con su hijo pasando más tiempo con él, incluso para entretenerse con videojuegos que le eran totalmente ajenos. También daban paseos y almorzaban juntos. Poco a poco, el chico fue saliendo del caparazón, hasta el punto de ser capaz de hablar sobre lo que le preocupaba. La terapia les ayudó a ambos a sincerarse acerca de las distintas maneras en que se habían hecho daño el uno al otro en el pasado. Cuando el hijo empezó a compartir más sus sentimientos, su negatividad se relajó. Aunque el proceso se prolongó durante casi un año, al final él había empezado a cuidar de sí mismo y encontrado un empleo a tiempo completo.

Este planteamiento no es rápido. Pero como es real, no artificial, produce resultados duraderos. Al centrarnos en sacar a la luz el potencial del muchacho en un entorno seguro y estimulante, aceptamos el hecho de que cada chico lleva dentro la sabiduría necesaria para su propio crecimiento. ¿Quién iba a imaginar que la labor parental suponía detectar pistas que revelaran lo que está pasando a través del comportamiento del hijo?

Dicho esto, yo sería la primera en admitir que, como los niños no utilizan teorías lógicas o intelectuales para explicar cómo se sienten, puede que para los padres sea de veras difícil comprender el significado subyacente a las acciones de aquellos. Si la mayoría no entendemos siquiera las nuestras, ¿cómo vamos a entender las de otro?

Como adultos, muchos hemos adoptado medios muy disfuncionales para expresar nuestro dolor. Por ejemplo, si nos sentimos mal, quizá vayamos a un bar y bebamos toda la noche en vez de expresar el dolor de una forma articulada. O podemos agredir al cónyuge acostándonos con otra persona. Pero ¿pueden los niños montarse en el coche y dirigirse al bar? ¿Pueden coger mil dólares e ir al casino?

Los niños tienen conflictos similares con sus sentimientos heridos, pero los disimulan poniendo los ojos en blanco, usando palabras groseras o sacándonos la lengua. Cuando es más lo que está en juego, muestran una conducta más arriesgada, por eso vemos a adolescentes que consumen drogas, se emborrachan o se vuelven promiscuos. Son niños que piden ayuda a gritos pero no la reciben.

Cuando leemos el subtexto de la conducta y reconocemos de qué va realmente el mal comportamiento superficial, reparamos en que la conducta disfuncional va apareciendo poco a poco. La chica que de repente se escapa de casa y acaba viviendo en la calle no ha llegado a esta situación de la noche a la mañana. La situación en la que se encuentra en ese momento ha ido creándose lentamente con los años a partir de innumerables interacciones inútiles con los padres.

Como indicador de lo difícil que puede ser al principio identificar lo que siente un niño, los padres suelen preguntarme: «¿Cómo voy a saber cómo se siente mi hijo si está todo el rato sacándome la lengua en señal de rebeldía?» Los padres están tan centrados en el hecho de que el niño les saca la lengua que ni siquiera se plantean los factores subyacentes. Digo a estos padres que aunque su hijo está manifestando falta de respeto en un cierto nivel, este es superficial. También les advierto que si responden en este nivel, perpetuarán la conducta.

Entonces ellos replican: «Pero si saca la lengua, ¿no hemos de regañarle? ¿No es esto lo que hacen los padres normales?»

«Mediante disciplina, quizá sean ustedes capaces de impedir que saque la lengua —explico—. No obstante, como no se aborda la causa subyacente, el niño simplemente pasará a portarse mal de otra forma. Si no descubren ustedes la razón de la conducta, esta irá mutando.»

Para ayudar a la madre a entender el origen de la conducta de su hijo, explico: «Usted inició la interacción con su hijo partiendo de un guion subconsciente... lo que pasa es que usted no se daba cuenta. Según el guion, sus instrucciones debían ser obedecidas; de lo contrario, aquello sería para usted un acto de rebeldía. Aunque usted sostiene que las instrucciones eran legítimas, el hecho es que su hijo no las aceptó. Ahí reside la desconexión. Cuando cayó usted en la cuenta de que no se estaba siguiendo el guion subconsciente, probablemente reaccionó ante el chico con enfado, quizá también con desprecios, y sin duda a veces más sutilmente con un mensaje de decepción. Cuando él se percató de esto, comenzó a empujar a su vez. Esto reforzó aún más la frustración de usted, desde luego. El ciclo, que había comenzado cuando su película resultó no funcionar en la vida cotidiana, acabó autoperpetuándose.»

La madre me mira atónita. Sin duda, está escuchando mis

palabras. Prosigo: «La realidad es que cuanto más castigue a su hijo, más resistencia opondrá él. La única manera de parar esta locura es entendiendo que su hijo no acepta lo que usted espera de él porque ya ha empezado a no prestarle atención, pues tiene la impresión de que para usted las tareas domésticas son más importantes que él mismo. Esto no significa que no tenga que hacer esas tareas. Lo que significa es que en primer lugar usted debe volver a conectar con él para que se sienta engranado con su madre y, por tanto, valore los quehaceres domésticos como una contribución válida suya, y no una simple imposición de usted debida al hecho de estar al mando. Le corresponde a usted ayudarle a identificar la importancia de la aportación que realiza.»

Es comprensible creer que la reacción de un niño está relacionada con pedirle que haga una tarea sencilla. Lo que no entendemos es que el niño ni siquiera está prestando atención a lo que le pedimos, sino que reacciona ante nuestra energía. El acto que se desarrolla ocurre en el nivel de los sentimientos, no en el nivel superficial de ordenar la habitación o guardar los platos.

«Entonces, ¿qué hago si me falta al respeto?», pregunta la madre.

«De momento no se centre más en la actitud rebelde ni en la conducta negativa. Actúe como si estas no existiesen, no permita que acaparen su atención. Y entonces céntrese en el hecho de que él está pasándolo mal partiensdo de su percepción de haber perdido la conexión con usted. Toque el dolor en lo más hondo. Solo cuando lo haga será posible abordar la conducta externa sin que se transforme en alguna otra disfunción.»

> Cada vez que perdemos los estribos con los hijos, es porque ha resurgido nuestro dolor.

«Es curioso —dice la madre—, porque cada vez que se muestra grosero conmigo, siento que el niño lastimado soy *yo*.»

«Exacto —respondo, asintiendo—. Cada vez que nuestra agenda subconsciente no resulta satisfecha, entramos en el espacio de un niño herido. Como nuestro yo herido no se curó cuando éramos pequeños, si alguien lo hace renacer en nuestro interior, estallamos. Por eso los hijos son capaces de provocarnos esta furia.»

Cada vez que perdemos los estribos con los niños, es porque ha resurgido nuestro dolor. Por lo general, este dolor tiene su raíz en el período anterior a los diez años de edad, cuando nos sentimos descontrolados e impotentes de múltiples maneras. Al intentar hacerse con el control, el yo adulto se agita desordenadamente en un esfuerzo por conjurar la sensación de vulnerabilidad que se ha despertado. Lo que no podíamos hacer de niños lo hacemos de adultos. Lo malo es que estamos dando rienda suelta a nuestra frustración acumulada en la persona equivocada: los niños se han convertido en el chivo expiatorio que sustituye a nuestros padres. De esta forma, en las familias reaparecen los mismos patrones de conducta una generación tras otra.

En la medida en que saquemos a la luz y afrontemos nuestro dolor residual procedente de la niñez, seremos capaces de distinguir nuestros verdaderos sentimientos infantiles e identificar una línea de actuación sensata que haga honor a dichos sentimientos.

14

Qué significa «honrar a tu hijo»

Cuando iniciamos el viaje parental comprendiendo la importancia de conectar con los sentimientos de los hijos y creando un espacio abierto para que pueda oírse su auténtica voz, experimentamos hacia ellos una energía distinta. El estilo dictatorial pasa a ser una sociedad con los hijos, lo cual significa que honramos y respetamos a los hijos y, por tanto, tomamos plenamente en consideración sus necesidades.

Honrar/respetar los sentimientos es aceptar el hecho de que estos sustentan todo lo que hacemos. Como hemos visto, las acciones son una expresión de los sentimientos. Así pues, si queremos ver un cambio de comportamiento en nuestro hijo, hemos de empezar sabiendo cómo se siente.

Como regla general, toda conducta negativa es una manifestación de sentimientos heridos. Los padres suelen entender equivocadamente que han de ceder ante los sentimientos de los niños, lo cual puede inducirles a volverse permisivos. Yo no me refiero a esto. Respetar los sentimientos del niño no significa que debamos capitular ante sus deseos. Tampoco tiene que ver con estar de acuerdo o no con él. Esto es un error, pues siempre se hace desde la posición de ventaja de nuestra agenda. Siempre que evaluamos el comportamiento del hijo con respecto a nuestra agenda, no tenemos la menor consideración hacia su singularidad y, por tanto, lo deshonramos.

Honrar, o respetar, los sentimientos tiene que ver con estar alineados con el desarrollo holístico del hijo, no necesariamente con sus caprichos en un momento dado. Para determinar si estás honrando sentimientos, pregúntate esto: ¿Qué necesita mi hijo de mí ahora mismo para mejorar? ¿Me necesita para que le diga «sí» o para que le diga «no»? ¿Qué permitirá a mi hijo desarrollar conciencia de sí mismo y autorregulación?

Para que este enfoque funcione, hemos de ser capaces de distinguir entre nuestro bagaje emocional de la niñez y lo que nuestra percepción nos dice sobre las necesidades del niño. Un discernimiento así requiere el mismo nivel de investigación que hace falta para descubrir los verdaderos sentimientos del hijo. Al igual que debemos averiguar qué sentimientos están dirigiendo su conducta, es preciso que identifiquemos nuestros propios sentimientos verdaderos.

> Siempre que evaluamos el comportamiento del hijo con respecto a nuestra agenda, no tenemos la menor consideración hacia su singularidad y, por tanto, lo deshonramos.

Una conversación con una paciente llamada Michele, madre de tres niños, a quien le estaba costando mucho conectar con ellos, ilustra cómo puede hacer falta algo de esfuerzo para identificar lo que estamos sintiendo y separarlo de lo que el niño necesita. Como profesora de física en una universidad local, estaba acostumbrada a la lógica y a la teoría, lo cual significaba que el estilo caótico de sus hijos la desconcertaba. En esta sesión concreta de terapia, manifestó que estaba pasándolo especialmente mal con su hija mayor. «Está infringiendo todas mis reglas —se quejaba—. Me pone al límite. Es malhumorada, rebelde, y se entromete en todo lo que hago. Me dan ganas de abofetearla.»

«Esto no es un sentimiento», señalé.

Michele pareció sobresaltarse.

«¿Cómo se siente usted?», pregunté.

Michele se recuperó al instante. «Tengo ganas de gritar.»

«Esto tampoco es un sentimiento; es más una reacción emocional. Usted quiere gritar porque la niña hace que se sienta usted de determinada manera. ¿Cuál es este sentimiento?»

Desconcertada, Michele se quedó callada unos instantes antes de hablar con un tono apagado: «Me siento totalmente impotente.»

«Exacto —dije—. Ahora está llegando usted a la raíz de sus emociones. ¿Con qué edad se siente usted, debido a la actitud de su hija?»

«Unos tres años.»

«Por tanto, cuando su hija le falta al respeto, se activa su yo de tres años.»

«Sí. Y como me siento fatal, quiero que a ella le pase lo mismo.»

«Venganza; la estrategia parental más frecuente —señalé. Y luego añadí—: Como es lógico, la respuesta a por qué le falta al respeto es que siente que usted se ha portado fatal con ella.»

Los sentimientos experimentados por Michele a los tres años estaban resurgiendo en su relación con la hija, lo cual bloqueaba su capacidad para ver lo que esta necesitaba. Así pues, sin darse cuenta estaba fomentando el conflicto en su relación.

Tan pronto como Michele comprendió que estaba reapareciendo el dolor pasado, se dio cuenta de que su tarea era doble. Primero, debía olvidarse de «arreglar» la conducta superficial de su hija. Segundo, tenía que prestar atención al grito de ayuda que se escondía tras esta conducta.

En otras palabras, precisamente en el momento en que parece que los hijos intentan excluirnos de su vida, desafiarnos o manipularnos, están indicando que nos necesitan. Si no hacemos caso de esta demanda, ellos se desprenderán de esos sentimientos, aunque solo para descargarlos más adelante o bien en su propio yo adulto mediante el autosabotaje, o bien en sus hijos y nietos.

Con el crecimiento emocional del niño en mente, se desvanece la necesidad de ser autoritario o permisivo. Comenzamos a ver que el estilo parental no tiene por qué girar en torno a una estrategia o a una técnica, sino que es un enfoque de la vida cotidiana que nos permite relacionarnos orgánicamente con el comportamiento del niño en su forma «tal cual», en el momento, continuamente sintonizados con su ritmo natural.

Recuerdo que cada vez que le pedía a mi hija que me enseñase los deberes escolares, me soltaba: «Puedo hacerlo yo, mamá, en serio. Déjame sola, por favor.» Y mi reacción era de indignación. ¡Qué repelente y mal educada! Yo quería ayudar, y ella me echaba. Cada noche se repetía la pelea a la hora de los deberes. Me quejé a mi esposo: «Mira cómo me habla, siempre con aspereza, de mal humor. No lo entiendo.»

Fue entonces cuando caí en la cuenta de que, si quería que la situación mejorara, yo debía interpretar la conducta de mi hija de otro modo. En vez de considerar su mala educación como un problema, intenté sacar a la luz lo que ella trataba de decirme. ¿En qué medida era yo responsable de su reacción? Acabé viendo que ella se comportaba de aquella manera porque se sentía controlada por mí hasta en el mínimo detalle, abrumada por mi necesidad de supervisar todos los pormenores de sus tareas escolares. Y eso no era ni mucho menos lo que ella necesitaba. Por el contrario, lo que le hacía falta era espacio, autonomía; y mi confianza.

Cuando comprendí esto, en vez de considerarme la parte inocente, acepté que estaba comportándome precisamente de la manera en que yo creía que se estaba comportando *ella*.

Era yo, no ella, quien estaba siendo grosera y mal educada al invadir su espacio y contaminarlo con mi agenda subconsciente. En cuanto me di cuenta de esto, empecé a implicarme en sus deberes escolares solo cuando ella me pedía ayuda. El resultado fue que su mala actitud se desvaneció, en la casa se respiró un ambiente más tranquilo y yo quedé más libre para dedicarme a mis asuntos.

La única forma en que los padres pueden respetar los sentimientos de los hijos es respetando primero los propios. Si perdemos contacto con nuestros sentimientos y nos divorciamos de nuestro espíritu, somos incapaces de entrar en el mundo de sentimientos de los niños.

Honrar y respetar a los hijos tiene que ver con tratarlos como personas reales, como queremos que nos traten a nosotros, bien que de una manera adecuada a la edad. La consecuencia de todo ello es que —dejando aparte cuestiones de seguridad, cuando hace falta que los padres se muestren firmes— la mayor parte de la labor parental tiene lugar en zonas grises que involucran a los sentimientos personales tanto del niño como de los padres. Nuestra capacidad para vivir en la zona gris en vez de recurrir al blanco o negro determina lo bien que honramos tanto nuestros sentimientos como los del niño.

Vivir en la zona gris de los matices requiere diferenciar entre los sentimientos verdaderos y las reacciones emocionales, pues son cuestiones muy diferentes. Un sentimiento procede del corazón y es una respuesta a lo que surge en el momento. Una reacción emocional es un acto reflejo programado que deriva de los patrones subconscientes de nuestro pasado. Por lo general, funcionamos en modo *re-*

> Honrar los sentimientos del hijo constituye la verdadera base de la labor parental efectiva, pues es ahí donde se establece la conexión.

acción, y así las emociones eclipsan tanto nuestros verdaderos sentimientos como los del niño. Por eso tenemos tantos problemas con los hijos.

Honrar los sentimientos constituye la verdadera base de la labor parental efectiva, pues es ahí donde se establece la conexión. Si un niño no se siente conectado con nosotros, nuestra presencia en su espacio le genera tensión de inmediato. No nos considera colegas ni percibe que hayamos entrado en su cuarto buscando algún tipo de alianza. Para él es como si su mundo y el nuestro estuvieran separados. Como no experimentan ninguna conexión significativa con nosotros, cuando les pedimos que hagan una tarea doméstica es como si les ordenara algo un sargento instructor... o peor aún, el enemigo. Por este motivo o bien pasan por alto nuestras instrucciones, o bien, si presionamos demasiado, toman represalias. Si reaccionamos castigándoles, se refuerza su percepción de que somos sus adversarios, lo que se traduce en una mayor hostilidad hacia nosotros.

15

¿Lo que estás pidiendo es justo?

Una paciente mía tenía que salir una noche y dejó a su hijo de siete años en su habitación a las diez y media mientras la niñera dormía en otra. Le dijo al niño que al cabo de treinta minutos apagara la televisión y se fuera a dormir. Cuando regresó, dos horas más tarde, el niño estaba todavía despierto y viendo la tele. «Pero ¿qué es esto? —le gritó—. Como me has desobedecido, estarás una semana sin ver la televisión.»

El desconcertado niño gimió: «No me he dado cuenta. No sabía que habían pasado treinta minutos.» La madre, que analizaba la situación con una mentalidad adulta, creyó que el pequeño mentía. ¿Cómo podía alguien olvidarse de una orden tan simple? Al comprender que durante los siete días siguientes no podría ver sus programas favoritos, el niño se fue a acostar entre sollozos.

Esta madre hizo lo que consideraba mejor. Creía que su obligación era imponer disciplina a su hijo privándole de algo que le gustara. Pensaba que estar sin televisión durante una semana le enseñaría a respetar las normas. No se daba cuenta de que así no conseguiría nada.

Aún se daba menos cuenta de que ella había creado el problema al colocar al niño en una situación idónea para el fracaso. A los siete años, desde el punto de vista del desarrollo, los niños son básicamente incapaces de gestionar su tiempo. Si la madre hubiera sabido esto, habría ideado salvaguardas para el éxito, como poner una alarma o llamarle por teléfono; cualquier cosa antes de aferrarse a una expectativa poco realista sobre lo maduro y responsable que era el chico. Lo que la madre calificaba de «rebeldía» no era eso, en absoluto. Al hijo le pasaba simplemente lo que les pasa a los niños de siete años: que no son conscientes del tiempo.

En vez de enseñar respeto al hijo, el incidente lo confundió y avergonzó, lo cual provocó que disminuyese la sensación de conexión con la madre. Lo más trágico es que se sintió menospreciado, lo cual acabó haciéndole creer que era incompetente. Había decepcionado a su madre... porque se le había asignado una responsabilidad inapropiada para su edad. En los próximos años, quizá no se acordaría de apagar la televisión, pero desde luego sí recordaría el enfado de su madre, pues la reacción de esta había causado una *impronta emocional*.

La pertinencia a la edad es una piedra angular de la labor parental. Si ponemos a los hijos en una situación que aún no son capaces de manejar por falta de madurez, les hacemos un flaco favor.

Pienso en una niña que tuvo una pataleta en el supermercado. La madre, incapaz de tranquilizarla, la amenazó con pegarle. Como la pequeña seguía chillando, la madre la llevó al baño y la abroncó con dureza.

En la terapia que hizo conmigo, la madre exclamó: «Maldita sea. ¡Siempre monta una escena cuando estoy ocupada, por ejemplo haciendo la compra!» (Desde luego, es entonces cuando mostramos el menor nivel de paciencia y empatía y estamos más tensos.)

Expliqué que la niña pudo tener la rabieta por diversas razones, y que era importante saber cuáles podían ser. ¿Estaba cansada, tenía hambre, se distraía o necesitaba algo? Al margen de cuál fuera la causa concreta, no es que la pequeña se portara mal a propósito, que es precisamente lo que creía la madre. Todos los niños pequeños del mundo entero son castigados por cosas que, en realidad, escapan a su control. En lugar de imponer disciplina, la madre tenía que haber prescindido de su agenda y haberse centrado en las necesidades de la hija, pues un adulto es capaz de muchísima más flexibilidad que un niño.

La pertinencia a la edad es una piedra angular de la labor parental. Si ponemos a los hijos en una situación que no son capaces de manejar por falta de madurez, les hacemos un flaco favor.

En una situación así, no es cuestión de intentar razonar con el niño y mucho menos de castigarle. Es mejor coger al pequeño y salir del súper. Esta es la consecuencia *natural* de una situación como esta, y es aplicable aunque el niño esté pidiendo un juguete o una golosina. Como querer darse un gusto no es algo hecho con mala intención, no hace falta castigarlo.

Los padres han de entender que los niños pequeños son por naturaleza imprevisibles, emocionales e impulsivos. El cerebro —y por tanto su capacidad para regular los impulsos— aún no está suficientemente desarrollado para modular su respuesta con arreglo a los estímulos que se encuentran en la tienda.

Es justo a esta edad, entre uno y dos años, cuando muchos niños empiezan a apagar su curiosidad al recibir golpes o gritos por haber cogido algo de un estante en su afán de explorar. Para ellos, el inmenso despliegue de artículos en unos grandes almacenes es una invitación a satisfacer su deseo de aprender sobre el mundo. Si se ahoga su curiosidad, no es de extrañar que acabemos teniendo un niño sin interés en aprender en la escuela, no digamos ya en hacer los deberes.

Una noche, un amigo estaba en un restaurante chino a eso de las nueve cuando, en la mesa de enfrente, un niño se puso a llorar. La madre estaba visiblemente angustiada al ver que no podía hacerlo callar y que sus padres la exhortaban a «llevarse el niño al baño y darle una buena zurra para que viera quién mandaba». Mi amigo se acercó a la mesa y sugirió a la mujer que llevara al pequeño al supermercado de al lado, se lo colocara sobre los hombros y recorriera los pasillos tranquilamente. La madre siguió el consejo. Cuando más tarde mi amigo abandonó el restaurante, el niño dormía en brazos de la madre.

En la situación anterior, es verdad que el valioso tiempo de la madre con sus padres se vio interrumpido. Alguien que quiera estar con sus padres tiene que prever que a veces, cuando se tiene un niño pequeño, cabe esperar esta clase de situaciones. Aunque nuestra agenda como madre incluya cenar con los padres, la agenda del niño ha de tener prioridad. También puede ser conveniente ir a cenar a primera hora de la noche, cuando el niño tiene ganas de comer o de jugar con la comida, no a las nueve, cuando la mayoría ya están durmiendo.

Aun con toda la planificación, inevitablemente habrá veces en que estaremos condicionados por la situación y simplemente no podremos salir. Si hemos intentado calmar, distraer, entretener y dar de comer al niño y nada surte efecto, no nos queda más remedio que aguantar los gritos y el llanto. Un viaje en avión es un ejemplo. Los padres han de aceptar que es preferible responder al niño con suavidad a castigarlo por la mala cara de los demás viajeros. Es una situación en la que hemos de limitarnos a sonreír y aguantar.

En todas las circunstancias de no pertinencia a la edad, corresponde a los padres, no al hijo, ajustarse a la situación. Cuando los niños ya son mayores, pueden establecer una asociación con los padres, en virtud de la cual se les pide que asuman la responsabilidad de sus actos. Sin embargo, en el caso de un niño pequeño hemos de tener en cuenta que no fue él quien creó esos rígidos parámetros, por lo que no debería verse obligado a padecerlos.

Hay otro aspecto de la pertinencia a la edad que puede ser de enorme ayuda para los padres. Antes de que un niño madure hasta cierto nivel, seguro que va a tener comportamientos infantiles; es lo normal. Cuando se produce una conducta así, es importante no convertirla en un problema. Considero que, en este tipo de situaciones, el sentido del humor es una respuesta pertinente a la edad.

Para rebajar la tensión y poner fin al conflicto no hay nada más efectivo que la risa. Por eso, siempre que es posible introduzco humor en mi labor parental. Por ejemplo, si Maia se muestra arisca conmigo y me contesta mal en vez de hablarme con respeto, lo que hago es cantar: «La señora Barker está en casa, la señora Barker está en casa.» E inevitablemente ella suelta una risita.

Del mismo modo, cuando le chillo sin querer y me doy cuenta, me río de mí misma y digo: «Caramba, tengo buenos pulmones, ¿eh? Seguro que grito más fuerte que tú. Venga, a ver quién grita más fuerte.» Y entonces hacemos un concurso de chillidos, lo que nos permite olvidar por qué estaba yo gritando.

> En todas las circunstancias de no pertinencia a la edad, corresponde a los padres, no al hijo, adaptarse a la situación.

Cuando ejercemos de padres así en una situación de abundancia e integridad, no con severidad, junto a nuestras imperfecciones transmitimos mensajes de tranquilidad y consuelo. Es una lección fundamental para los hijos, que reflejarán el hecho de que nosotros aceptamos su condición de «menos que maduros».

Considerar la conducta inmadura de esta manera más desenfadada también mitiga la ansiedad del niño, pues este comprende que la capacidad para aceptar su nivel de desarrollo es una cualidad deseable, no algo de lo que deba uno avergonzarse. Sabemos que todos actuamos espontáneamente de la manera apropiada a cada edad. Los niños y las niñas no están destinados a ser «damas y caballeros pequeños».

Adoptar la pertinencia a la edad mientras los hijos crecen tiene una ventaja inesperada. Cuando llegan a la adolescencia y encuentran que un buen amigo es de repente el mejor amigo de otro, o «se enamoran» y la relación no dura, se dan cuenta de que a su edad estos son episodios normales y no por ello se acaba el mundo. En otras palabras, un niño cuyo comportamiento en las diferentes etapas del desarrollo ha sido totalmente aceptable para sus padres llega a ser un adolescente capaz de superar el insoportable dolor de una separación sin acabar hecho polvo, o de tolerar un suficiente en un examen sin recurrir a medicación, sabiendo que a su debido tiempo su vida amorosa y su carrera cuajarán de la mejor manera para él.

16

Cómo permanecer cuerdo mientras tu hijo recorre distintas etapas

Todos los padres atraviesan inevitablemente períodos de agitación mientras crían a un hijo, a veces experimentando alteraciones graves en sus horarios. Lo que cabe esperar son noches en que el sueño del niño se ve perturbado por incidentes como la enuresis nocturna, el sonambulismo o las pesadillas. Levantarse por la noche varias veces para atender a un niño o cambiarle la ropa de cama puede ser agotador, desde luego. El fallo está en llevar estas cuestiones al terreno disciplinario en vez de identificarlas como momentos naturales de convulsión. Si consideramos estos momentos algo normal en vez de decirnos a nosotros mismos que el niño está siendo «malo», el problema acaba siendo otro: aguantar la ansiedad y la frustración que desencadenan en nosotros estas etapas del desarrollo del niño.

En lugar de tomar medidas drásticas contra los hijos en estos períodos de turbulencia, nuestra tarea debería consistir en calmarnos y centrarnos para ser capaces de sortear los obstáculos asociados a la educación del niño. Hay numerosos picos y valles que los padres tienen que recorrer simplemente sin calificarlos como «buenos» o «malos».

En el caso del sueño, casi siempre es normal que un niño se quede dormido cuando está cansado. Vemos esto en los bebés y los niños pequeños, que no yacen despiertos quejándose de que «no pueden dormirse». Se duermen cuando están lo bastante cansados. Si a cierta edad un niño tiene dificultades para dormir, se trata de una de estas fases que los padres han de soportar. Con un niño muy pequeño, no queda más remedio que aplicar paciencia. Cuando ya es algo mayor, procuraremos no estimularlo demasiado cuando se acerque la hora de la siesta o de acostarse, lo cual le ayudará a sintonizarse con su ritmo de sueño natural. A este respecto, es útil ser consciente de que la luz de la televisión o del ordenador van en contra de este ritmo natural. Si aprendemos a ser prácticos acerca de estas cuestiones, pasaremos por estas fases sin hacer ningún daño psicológico al niño.

Aprender a aguantar el malestar que surge a veces en torno a los problemas del sueño, la comida, las notas escolares, etcétera, concede a los hijos el margen necesario para resolver estas cuestiones por sí mismos. Los niños son hábiles por naturaleza y de nosotros solo requieren orientación, no manipulación. De esta manera llegan a autorregularse. En cambio, si los manipulamos, al final los niños no saben autorregularse y, por tanto, nos manipulan a su vez a nosotros mintiendo, engañándonos, saboteando su potencial con drogas o un consumo excesivo de alcohol, o llegando a ser completamente apáticos, indiferentes a todo.

> Los niños son hábiles por naturaleza y de nosotros solo requieren orientación, no manipulación.

He visto de primera mano los efectos perjudiciales derivados de convertir asuntos de desarrollo naturales en un motivo para imponer disciplina. Vino a verme una pareja que ya no aguantaba más. Exhaustos hasta el punto de tener cara de sueño, llevaban meses sin dormir una noche seguida porque su hijo de dos años se les metía siempre en la cama. A punto ya de estallar, los padres primero lo encerraron en su cuarto, dejándolo gritar durante horas. Totalmente frustrados al comprobar que esto no funcionaba, tomaron una medida todavía más drástica: lo sacaron fuera de la casa en pijama, a la intemperie. Quiero dejar claro que no eran malas personas, sino padres que simplemente se habían quedado sin respuestas.

Sugerí que al negarse a dormir en su propia cama, el niño estaba indicando que necesitaba o bien más conexión con sus padres, o bien más autonomía. Mientras hablábamos, resultó evidente que el guion subconsciente a partir del cual actuaban esos padres se originaba en su propia ansiedad, lo cual les llevaba a mostrarse ambivalentes en la relación con el hijo. Durante el día lo protegían en exceso, supervisándole todos los movimientos, como los padres «helicóptero», lo que fomentaba la dependencia. Por la noche, como el niño experimentaba ansiedad por separación cuando los padres no le dejaban dormir en su cama, estos tenían que sufrir las consecuencias de esa dependencia. El cambio de reglas —ser sobreprotectores de día, mientras que de noche lo abandonaban— provocaba pánico en el niño.

Una vez entendimos lo que estaba comunicando el pequeño mediante sus gritos, buscamos un sistema mediante el cual los padres pudieran dejar atrás poco a poco su actitud sobreprotectora. A medida que esto tenía efecto en los diversos aspectos de la vida del niño, la capacidad para dormir sobrevino de forma natural. Los padres solo tuvieron que ser pacientes mientras tenía lugar el cambio, que durante un tiempo fue inevitablemente turbulento.

No se trataba de un problema disciplinario como creían los padres. Era una disfunción originada en su manera de relacionarse con el hijo, que se veía impulsado por sus propias necesidades subconscientes. En este caso, el hijo necesitaba más autonomía para poder actuar por cuenta propia. En otros casos, quizá sea preciso lo contrario: mayor conexión con el padre o madre que tal vez ha estado fuera todo el día, o que desde el punto de vista emocional no ha estado disponible. Un niño así puede pedir a gritos la presencia de los padres, solo que en este caso está transmitiendo una falta de conexión más que una necesidad alimentada por la dependencia. Los adultos deben descifrar el mensaje real.

A algunos padres no les gusta que los niños se les metan en la cama; otros lo permiten más allá de la edad adecuada. Si un niño todavía duerme en la cama de sus padres cuando es emocionalmente capaz de dormir en la suya, es señal inequívoca de que los padres están trastocando su desarrollo normal. Este enredo deriva de la necesidad subconsciente de los padres de depender del hijo o de mantenerlo dependiente de ellos para sentirse necesarios como padres. Esto es malsano y perjudicial para la evolución del niño hacia su autonomía. Tiene lugar cuando los padres no son conscientes de sus propias necesidades insatisfechas y utilizan a los hijos para aliviar sus anhelos internos.

La identificación esencial de los padres con su hijo es diferente de la simbiosis en la que empieza la relación. Pero si identificación y simbiosis se confunden, como suele pasar, el resultado es que la segunda continúa mucho más allá de la edad en que es beneficiosa para el niño.

La simbiosis es un estado en el que un hijo depende por completo de los padres, como si estos fueran parte de él. Al principio es necesaria, porque solo los padres pueden satisfacer las necesidades del pequeño. Aunque esto es apropiado en fases tempranas de la vida del niño, es crucial que los padres le animen a formar su propia identidad exclusiva a un ritmo adecuado. Si la simbiosis se prolonga demasiado, el niño no desarrolla un sentido independiente del yo y en la edad adulta sigue siendo una persona en estado de necesidad.

Entonces, esta necesidad sabotea la capacidad individual para funcionar bien en el mundo adulto.

Obsérvese que digo que los padres han de «animar» al niño a formar su propia identidad, no obligarlo. Demasiado a menudo o bien precipitamos el desarrollo de nuestros hijos, o bien lo retrasamos dificultando su creciente deseo de autonomía. Es fundamental que el niño establezca su agenda respaldado por los padres. Ser consciente de este proceso no es algo lineal, como en una gráfica: rebotará por todas partes a medida que se va convirtiendo poco a poco en un hábito. Esto provocará una mayor independencia por parte del niño, lo que pondrá fin a la simbiosis con la que se inició su vida. Mientras la unidad de los padres con el niño debe proseguir, la simbiosis ha de disminuir y, a su debido tiempo, finalizar. Desgraciadamente, en muchos hogares este proceso natural de conclusión de la simbiosis se ve desbaratado por el propio estado de necesidad de los padres, de modo que la identidad de estos se enreda con la actuación de los hijos. Las notas escolares, los deportes, las aficiones, el modo de vestir de los hijos, su comportamiento..., todo acaba siendo una declaración acerca de los padres.

El deseo de controlar a otro deriva de una idea equivocada de simbiosis, en virtud de la cual consideramos que el otro es *parte* de nosotros, lo que a su vez nos lleva a creer que debe actuar como nosotros. A medida que maduramos abandonando la simbiosis, necesitamos abrazar la unidad; esto nos permite ver al otro como si fuera *similar* a nosotros, y, en consecuencia, digno de seguir su propio camino igual que nosotros.

Creo que la incapacidad para captar nuestra unidad, mientras estamos aferrados a la simbiosis, es la raíz de las disensiones en el mundo entero. Por consiguiente, hace tiempo que diversas enseñanzas erróneas sobre el estilo parental efectivo están induciendo y contribuyendo a la hostilidad recíproca.

Los niños que deberían ser liberados se sienten asfixiados, mientras que los que necesitan desesperadamente experimentar unidad con sus padres se sienten abandonados. Es crucial encontrar el equilibrio entre separación y unión..., al menos en la medida de lo posible, pues ninguno de nosotros posee la verdad absoluta.

Llegar a estar sintonizado con las capacidades emergentes de los hijos no significa basarse en gráficos de desarrollo o comparaciones con sus compañeros que nos digan lo que los niños pueden o no manejar, sino prestar atención a cómo están desarrollándose. Esto por sí solo puede indicarnos cuándo conviene que nos retiremos y les permitamos asumir más responsabilidad.

Para llevar la cuestión al terreno concreto, hablaré de Sally, una niña de ocho años, y su madre Susie. Sally tenía ganas de jugar con sus amigos todas las tardes. Sin embargo, cuando llegaba la hora de ir a casa y sentarse a hacer los deberes, había bronca sistemática. La madre lo interpretaba como un acto de rebeldía, como es lógico. Solo en la terapia descubrió que a Sally le costaba gestionar las transiciones. Su incapacidad para observar las reglas de su madre no derivaba de la mala intención, sino de la carencia de cierta habilidad cuando se trataba de pasar de una situación a otra.

Para abordar esto, sugerí los juegos de roles. Cada vez que estábamos juntos, adoptábamos un rol distinto y practicábamos una y otra vez la transición del juego al trabajo. Esta representación repetida facilitó el diálogo sobre diferentes formas de ayudar a que la transición de Sally se produjera sin contratiempos. Al cabo de cuatro sesiones, las destrezas ensayadas fueron transferidas a la vida real.

En su estado natural, los niños disfrutan siendo ellos mismos sin más. Fluyen desde el sentimiento, respondiendo al carácter de la vida momento a momento. Este estado natural no conoce categorías compartimentadas como «conformidad» o «rebeldía». Lo único que hacen ellos es *ser*. Nos corresponde a nosotros como padres conducirlos hacia una mayor independencia y a asumir la responsabilidad que la acompaña, preparándolos y guiándolos hábilmente a lo largo del camino, algo que por otra parte es connatural a la labor parental consciente.

17

Engañar a los niños es un asunto peliagudo

Por mucho que disimulemos, toda disciplina infantil es en última instancia una forma de manipulación..., de chantaje. Ante el término «chantaje» quizá demos un respingo, pero es que de eso se trata precisamente: un modo de coaccionar a otro para que ceda a nuestros deseos. El niño es siempre el que ha de cambiar; casi nunca corresponde al padre ver al hijo desde otro punto de vista.

¿Alguno de nosotros cree sinceramente que manipular y coaccionar son estrategias saludables? Son solo maneras de *engañar*, lo que equivale a estafar. Una y otra vez, diversas investigaciones han demostrado lo perjudiciales que son la manipulación y la coacción para el sentido del yo y el bienestar del niño. Realmente, ¿el hecho de engañar e intimidar a los hijos para que se avengan a nuestros deseos puede devenir en un bien duradero?

Por esa razón no me atrae proponer estrategias que susciten obediencia. En las librerías y bibliotecas hay estantes llenos de libros que refieren toda clase de técnicas ingeniosas para distraer a los niños, inducirles a ser conformistas y, en cierto modo, manipularlos, métodos todos ellos que abordan el problema en el nivel superficial. Se pone el foco en controlar la conducta del niño, hacerle obedecer, mientras que lo esencial debería ser comprender al niño y, por tanto, ayudarle a ser una persona autorregulada, dotada de recursos y autónoma.

Cabría señalar que los padres manipulan a sus hijos todo el tiempo. Los manipulamos para que vayan a la escuela, hagan los deberes, lleven ropa de abrigo contra su voluntad, se coman la verdura, acudan a un lugar de culto y toda una serie de conductas que pocos niños asumirían de manera natural. Entonces, ¿cuál es la diferencia entre imponer disciplina y manipular la conducta?

Es verdad que todo eso son formas de manipulación en cierta medida... y en muchos casos el resultado es que el niño no asimila lo que le pedimos. Por consiguiente, se deshacen de la conducta a la primera oportunidad. ¿No es esta la razón por la que dejan de hacer los deberes cuando son adolescentes? Los niños suelen perder interés en sus aficiones y temas favoritos cuando empiezan la secundaria, porque los adultos y las instituciones educativas han contaminado esos empeños intrínsecamente alegres al imponerles exámenes propios de adultos cuya finalidad no es ampliar su profundidad de aprendizaje, sino calificar a los niños en comparación con otros. Las calificaciones son un deporte, el deporte de los estudios, y todo el mundo está obligado a practicarlo. Se trata de una situación triste a la que todos debemos someternos a menos —o hasta— que cambie el conjunto de la sociedad, sobre todo el sistema educativo, algo que puede pasar si un número suficiente de personas acaban siendo conscientes de lo manipulador que es el sistema actual. Entretanto, hemos de trabajar lo mejor que podamos con la situación tal como es, manipulando lo menos posible y, en vez de ello, alentando la participación cuando sea factible. Crear participación significa habilitar un espacio para el diálogo y la disensión. Muchos oponemos resistencia a esto como padres. Quizá nos convencemos de que no tenemos tiempo para el diálogo, o quizá de que ni siquiera sabemos implicarnos en una situación que ofrece las mismas oportunidades a todos.

Cuando los hijos dicen que ya no quieren ir más a la iglesia, la sinagoga o el templo, es porque se trata de otro ámbito en el que han perdido interés a medida que crecen, y ya no aceptan algo que les han impuesto los padres, que no deriva de su propio deseo de explorar ideas sobre la fe. Por tanto, uno de los problemas con los que lidian las instituciones religiosas es el hecho de que, cuando los jóvenes van a la universidad, suelen abandonar la iglesia.

Dicho esto, quiero dejar claro que cuando digo que el niño ha de «asimilar» un comportamiento, no me refiero a que debamos convencerle de su eficacia. Para el niño, asimilar una conducta sana es algo natural, en el sentido de que adopta esta en concreto porque guarda estrecha correspondencia con su propio ser. El chico conecta con la conducta de una manera sincrónica. Por ejemplo, ¿hemos de convencerle de que juegue a un juego que le encanta? ¿Hemos de convencer a una adolescente de que salga con sus amigos cuando esta es una de sus actividades preferidas? ¿Hemos de chillar a los niños para que se coman algo que les parece sabroso?

Los niños se ven atraídos espontáneamente hacia actividades que son sincrónicas con su ser. Por eso les encanta ir al jardín de infancia y a primero de primaria. A menos que tengan miedo de separarse de sus padres o de alguna otra forma de dinámica social, a esta edad los niños ofrecen poca resistencia al aprendizaje. ¿Por qué? Pues porque a esta edad la agenda pedagógica tiene más probabilidades de estar alineada con la curiosidad natural del niño. Por tanto, para este puede ser una experiencia alegre y feliz.

La manipulación suele producirse cuando un niño no ha asimilado lo que le pedimos. Por ejemplo, Chris, de once años, consiguió entrar en el equipo de natación, logro del que sus padres estaban orgullosos. No obstante, el chico era algo remiso. No le gustaba levantarse temprano para ir a las competiciones y, aunque se lo pasaba bien nadando, detestaba la presión y la naturaleza competitiva de esta actividad.

A diferencia de Chris, su padre, Dave, disfrutaba compitiendo y a lo largo de su vida había nadado muchas piscinas, razón por la cual quería que su hijo destacara en ese deporte. Como le resultaba inconcebible que no siguiera sus pasos, siempre intentaba motivarlo con amenazas o sobornos, todo ello pensando aparentemente en lo más conveniente para el chico.

Chris sabía muy bien cómo sacar provecho de la situación, y entre otras cosas se consiguió el último iPad y quince juegos de la X-Box. Resistirse a nadar estaba resultando lucrativo, lo cual fomentaba aún más su resistencia. No obstante, al ver que esa resistencia iba en aumento, Dave empezó a privar al hijo de fines de semana con los amigos, lo que provocó resentimiento en Chris. Para compensar el sentimiento de culpa por haber castigado a su hijo, Dave volvió a premiarle, lo cual fue alimentando un ciclo que era cada vez más disfuncional. Amargándose la vida mutuamente, padre e hijo llevaban rumbo de colisión.

El estilo parental de Dave no es raro, ni mucho menos: se trata del sistema típico utilizado por muchos progenitores para motivar a sus hijos, un estilo que permite a los padres creer que están sacrificándose por los niños. En el caso de Dave, si le hubiesen dicho que su objetivo de ver a Chris triunfar como nadador estaba impulsado por una imagen idealizada del hijo que no tenía nada que ver con quien era realmente, se habría quedado estupefacto. La imagen que tenía de Chris era una fantasía de fabricación propia, surgida de sus propias necesidades. Al intentar modelar al hijo a su imagen y semejanza, estaba literalmente secuestrando una relación con el hijo real.

Esta es quizás una de las trampas más habituales en las que

caen los padres. Estamos prendados de la imagen de quién debería ser nuestro hijo y de cómo debería ser su vida, imagen que tiene poca o ninguna relación con su verdadero ser. En cambio, amar a los hijos por lo que son en un momento dado significa estar plenamente presentes en su propia evolución, sin aplicar en ella nuestras incesantes expectativas. Esto nos exige descartar toda idea que tengamos para ellos e iniciar un conocimiento claro de quiénes son; un conocimiento que debe evolucionar a medida que evolucionan ellos, por lo que hemos de verlos siempre tal como son en el momento presente, no como eran ayer.

Si Dave se hubiera valido de este enfoque, se habría dado cuenta de que el carácter de por sí no competitivo de su hijo no gravitaba hacia el deporte de competición. Esto habría honrado los sentimientos de su hijo. Esta simple aceptación quizás habría reducido la resistencia de Chris a la participación en competiciones. En cambio, al obligarlo a desprenderse de sus sentimientos, el padre provocó una reacción. La consecuencia fue que se sentían furiosos el uno con el otro.

Es importante comprender que incluso las tácticas aparentemente más benignas para conseguir que los hijos accedan a nuestros deseos son manipuladoras. «Si no eres bueno, Santa Claus no te traerá la Barbie», chilla una madre a su hija de seis años. «Si no duermes en tu cama —amenaza un padre a su hijo de cuatro años—, no podrás ver dibujos animados.» Unos padres acaso prometan a su niño de diez años: «Si sacas un sobresaliente en biología, tendrás la bicicleta nueva que querías.» Todos estos planteamientos son manipuladores. Como consecuencia de ello, preparamos a los niños para que no duerman, no vayan bien en la escuela y tengan poco clara su finalidad en la vida.

Si creamos una situación artificial así, los niños hacen tal o cual cosa no porque sea intrínsecamente lo correcto. La hora de acostarse tiene que ver con los dibujos animados —o,

Dios no lo quiera, el miedo al coco—, no con la necesidad de dormir las horas suficientes. Las notas escolares acaban relacionadas con la codicia por la recompensa, no con la fascinación natural que el aprendizaje ejerce en los niños.

Los niños se dan cuenta de lo importantes que son estas cosas para nosotros. Captan que haremos casi lo que sea para lograr que accedan a lo que queremos para ellos. Al consentir que estas cosas sean tan importantes para nosotros, debilitamos su instinto para prosperar siguiendo su único y exclusivo camino.

Como es lógico, esto saca a relucir una de las principales preocupaciones de los padres: ¿cómo sabemos cuándo hemos de presionar para que los niños hagan las cosas y cuándo hemos de retirarnos? ¿Dónde está la frontera?

Mi hija llevaba dos años aprendiendo ballet. Un buen día se marchó su profesor favorito, que fue reemplazado por otro más estricto y exigente. Al cabo de unas semanas advertí que Maia había perdido su entusiasmo por las clases. Arrastrando los pies, ponía una excusa tras otra para quedarse en casa un rato más. Cuando me quedó claro que estaba evitando las clases, pregunté: «¿Cómo es que ya no te gusta el ballet?»

«Porque el profesor nos pone puntuaciones —se quejó ella—, y la última vez saqué un dos sobre diez. Qué asco. Ya no quiero hacer más ballet.» Tras asistir a algunas clases más, decidió dejarlo. Y yo me encontré en una encrucijada, ante dos posibles direcciones que seguir. ¿Tenía que presionar para que continuara yendo a las clases y no permitir que abandonara solo por ser algo demasiado difícil, o más bien debía respetar su decisión? Yo sabía hasta qué punto era necesario que Maia se sintiera escuchada y fuera dueña de sus intereses.

Al principio no hice nada salvo aguardar el momento adecuado para tener un diálogo íntimo y sincero. «Maia, noto tu malestar y tu deseo de dejar el ballet —empecé—. También sé que lo haces muy bien y que con tu anterior profesor te gustaba mucho. Quizá podrías cambiar de profesor.»

Maia fue rotunda. «No, no quiero volver a ballet. Eso es todo. ¿Por qué no lo aceptas y ya está?»

«No lo acepto porque no quiero animarte a dejar una actividad en cuanto se vuelve exigente. Es importante aprender que no todo es fácil y a veces hemos de superar situaciones peliagudas.»

Como vimos antes, a menudo creemos que los hijos no serán capaces de ocuparse de ciertas cosas, lo que nos empuja a esforzarnos por protegerlos del caos natural, de los límites y las limitaciones que son parte inevitable de la vida. De esta manera, les robamos su resiliencia, con lo cual los preparamos para el fracaso, pues pierden contacto con su capacidad inherente. No obstante, hemos de ser capaces de percibir cuándo están simplemente evitando algo y cuándo han perdido realmente el entusiasmo por ese algo.

«No quiero dejarlo porque sea difícil —insistió Maia—. Lo he hecho dos años. Esto no es para mí. No solo lo dejo. Mira, llevo tres años haciendo gimnasia y piano. La verdad es que el ballet ya no me gusta.»

Cuando vi que hablaba en serio, y que lo que decía procedía de la más profunda convicción de su espíritu, comprendí que no tenía elección. Lo que *yo* prefería para ella era irrelevante. Maia estaba comunicándome con claridad que ya tenía suficiente. Supe que para ella era más importante tener la sensación de que controlaba su vida, sobre todo en el caso de actividades no esenciales para la existencia. Celebré su capacidad para conocerse y declaré que aquel era el regalo más valioso que podía hacerse a sí misma. De esta manera estaba aprendiendo a confiar en su voz interior.

Aunque ese incidente provocó a mi yo controlador, fui capaz de acallarlo y ver el punto de vista de mi hija. No hizo falta presionar. No quise que mantener a Maia en las clases de ballet se convirtiera en una cruzada personal. Es más, el hecho de que ella sea buena o no tan buena en algún deporte o actividad no afecta a mi sensación de bienestar. Por otra parte, me identifico con su opinión de que el nuevo profesor había convertido algo placentero en una tarea competitiva.

Fui capaz de mirar a Maia a los ojos y decir: «Te entiendo perfectamente. Veo lo sintonizada que estás con tu voz interior y que no te da miedo hacer cualquier cambio basado en lo que de veras te importa. Tampoco es que hayas abandonado sin pensarlo. Estás tomando tus propias decisiones, y respaldo que estés al mando de tus pasiones.» Esto permitió a Maia comprender que su voz importaba. De este modo, lo que habría podido ser una innecesaria batalla de voluntades se convertía en una oportunidad para la conexión y la validación.

Es importante señalar que mi decisión de apoyar a Maia no fue arbitraria, sino que surgió de un diálogo con ella. No existe un enfoque único para determinar qué actividades opcionales deben mantener los hijos y cuáles pueden dejar a mitad de camino. Nos han confiado su cuidado, por lo que podemos ayudarles a descubrir su ser único. Los niños conocen su corazón; lo único que debemos hacer es alentarles a seguirlo.

18

Qué hacer cuando tu hijo te deja al margen

«Siéntate y habla conmigo. Nunca hablas conmigo.» La madre de Tanya se sentía exasperada y aislada.

«¿Para qué? —replicó Tanya—. Si al final tampoco escuchas. No entiendes nada de lo que te digo.» Alejándose con desdén, la chica puso los ojos en blanco.

«No me pongas los ojos en blanco, señorita —le gritó la madre a la joven de dieciséis años—. ¡Y no vuelvas a contestarme mal!»

Tanya y su madre habían llegado a un callejón sin salida: la madre intentaba desesperadamente interaccionar con la hija en el nivel superficial, lo cual solo ensanchaba la grieta que las separaba. En mi consulta, veo continuamente situaciones de punto muerto como esta.

Nadie nos irrita adrede con más ingenio que los adolescentes. Dudo que haya en el mundo un padre o una madre que no se haya sentido exasperado por su hijo adolescente, sin pistas sobre la mejor forma de reaccionar. Por un lado, los padres quieren estimular la autonomía del chico. Por otro, la aparente falta de respeto del hijo empuja a los padres a tomar medidas drásticas para tener un mayor control. Los padres se ven encerrados en un círculo vicioso de querer con urgencia la conexión con su hijo adolescente al tiempo que actúan de una manera que lo aleja. Como consecuencia de ello, lo pasan mal todos, los padres y el hijo.

La época de la adolescencia es tal vez la más traumática para los padres, sobre todo si hasta el momento se las han ido arreglando con un modelo de control y dominación. Para los padres acostumbrados a salirse con la suya, tener un hijo que de pronto se niega a ceder a su voluntad puede ser una verdadera conmoción. Muchos responden sin tacto ni miramientos, es decir, de la peor manera. Lo que deberían hacer los padres es responder ante la necesidad de conexión y autonomía del hijo teniendo en cuenta que este apenas ha empezado a madurar.

En el caso de Tanya, puede estar comportándose así por diversas razones, todas ellas invisibles para la madre. Podría estar indicando que se siente demasiado controlada por la madre y precisa más autonomía, o que los deseos de su madre y los suyos sobre cierta cuestión no concuerdan, o que la madre no tiene ni idea de cómo es su hija.

Si una adolescente llama «idiota» a su madre y esta no va más allá del nivel superficial del comentario, seguramente castigará a la hija con la prohibición de salir por «faltarle al respeto» y de este modo interrumpirá toda comunicación mientras la chica se queda callada. Lo que ha de hacer la madre es reconocer que el término «idiota» no tiene nada que ver con su capacidad intelectual, sino que es la manera en que la hija transmite este mensaje: «Es que no me entiendes.»

En vez de enredarse en el lenguaje adolescente, la madre debería entender que a esa edad suelen usar tales palabras, por lo que no hay que convertir la terminología en un problema. Puede también respetar sus propios sentimientos diciendo: «Me duele que digas algo así, y me gustaría saber qué quieres expresar en realidad.» Así pues, lo más conveniente es que la madre escuche a su hija con paciencia e indiferencia respecto a la elección concreta de palabras y acciones, pues puede que la chica le conteste mal varias veces antes de ser por fin capaz de expresar lo que siente.

Cada vez que regañamos e imponemos disciplina, inevitablemente reducimos la comunicación sincera, si es que no la eliminamos del todo. Entonces nos extrañamos de que los adolescentes sean tan fríos y distantes. Si preguntamos a cualquier adolescente por qué no habla con sus padres, nos dirá: «Lo único que hacen es sermonearme.» En efecto, están diciendo que los padres imponen su agenda en la discusión, sin escuchar de veras las razones y opiniones del hijo.

El objetivo de un diálogo creativo sobre cualquier conducta que haya surgido es permitir a los hijos satisfacer sus necesidades en el contenedor de las directrices de la familia. La finalidad es siempre capacitar al niño para descubrir el modo de regular sus emociones, lo que automáticamente se traduce en un comportamiento que encaja con sus máximos intereses. Esto nos exige crear un espacio seguro en el que los hijos compartan sus problemas con nosotros, para así poder desarrollar creativamente criterios que funcionen para todos los implicados. «Seguro» significa que el chico puede decir cualquier cosa que desee decir sin ser juzgado, regañado o castigado.

> Cada vez que regañamos e imponemos disciplina, inevitablemente reducimos la comunicación sincera, si es que no la eliminamos del todo.

No me cansaré de recalcar que las razones del comportamiento de un niño pueden ser totalmente distintas de cualquier cosa que hayamos imaginado. Una demostración clara de esto es el caso de Michael y su hijo Peter. Michael le dice a su hijo: «Haz los deberes antes de ponerte delante del ordenador.» Peter no hace caso y enciende el ordenador.

Michael mantiene la calma, pero lanza un aviso: «Te he dicho que hagas los deberes; no voy a repetírtelo.» Peter sigue jugando en el ordenador.

Michael irrumpe en el cuarto. «¿No me haces caso? ¿Cómo te atreves? Si esto es lo que quieres, te prohíbo que mañana te lleves a la escuela tus cartas de Pokémon.»

Al día siguiente Michael se da cuenta de que Peter se ha llevado las cartas a la escuela pese a su orden expresa. Cuando Peter regresa, Michael pierde los estribos, le da una bofetada y lo castiga sin salir.

En la terapia con Peter, sin los padres presentes, el chico revela lo siguiente: «Como los deberes de mates me cuestan mucho, no me gusta hacerlos. Tengo miedo de decírselo a mi padre porque luego me grita. Y tenía que llevarme las cartas de Pokémon a la escuela porque todos mis amigos llevan las suyas. Si no tengo las mías, no juegan conmigo.»

De nuevo, como hemos visto desde el principio, en cuanto conocemos las razones del hijo se esfuma la necesidad de imponer disciplina. El padre castigaba al hijo porque se sentía impotente cuando pretendía que le escuchara. Esta sensación de impotencia alimentó su frustración y enojo final. Si el padre se hubiera dado cuenta de que su hijo se comportaba así debido a que no se satisfacían ciertas necesidades emocionales subyacentes —sentirse incompetente en matemáticas, querer congeniar con sus compañeros de la escuela—, habría gestionado la situación de otra manera.

Cuando le expliqué lo que el hijo me había contado, el padre dijo: «Estaba tan obsesionado con mi necesidad de que fuera obediente que no tenía ni idea de lo que realmente le pasaba. Si lo hubiera sabido, habría entendido por qué evitaba las matemáticas y le habría ayudado. Y no le habría prohibido llevar las cartas de Pokémon a la escuela.»

Cada vez que repetimos las mismas interacciones con los hijos significa que lo que estamos haciendo no es efectivo. Si lo fuera, no estaríamos insistiendo en el ciclo y la conducta cambiaría. Nos negamos a creer que nuestro enfoque sea incorrecto convenciéndonos a nosotros mismos de que el niño «lo entenderá» si se lo decimos lo bastante a menudo, lo bastante fuerte y de suficientes maneras distintas. Sin embargo, si no ponemos el foco en la causa de que el enfoque no funcione, el comportamiento del niño seguirá... y nosotros seguiremos subiéndonos por las paredes. «Subirse por las paredes» en un sentido literal, pues tomar el mismo camino hasta el mismo desastroso final una y otra vez es para perder la chaveta.

En la historia de Michael y Peter, el padre seguía recorriendo a toda velocidad el mismo camino y obteniendo los mismos resultados, sin imaginar en ningún momento que su estrategia podía tener consecuencias funestas. Si hubiera sido consciente de que Peter solo necesitaba una cosa —sentirse lo bastante seguro para manifestar sus verdaderos sentimientos a un padre que en realidad quería entender—, no se habría producido ninguno de esos enfrentamientos. No habría hecho falta disciplina alguna.

Cuando los niños no se sienten seguros para hablar sinceramente y sin miedo, se ponen en marcha dos dinámicas. Una de ellas consiste en enterrar sus sentimientos reales, pues les resulta inaceptable y quizás incluso peligroso expresar lo que les ocurre de veras. La otra se basa en poner de manifiesto su disociación de su ser interior portándose mal. Como no hemos sintonizado con sus sentimientos, ellos no toman en consideración los nuestros. Este es el origen de la desconexión entre muchos niños y sus padres.

En numerosos hogares, los padres, buscando interacción, preguntan a su hijo adolescente: «¿Cómo ha ido hoy en la escuela?»

El chico contesta con indiferencia: «Bien. ¿Puedo ir al cine esta noche?» La desconexión es total.

Según diversos psicólogos infantiles y libros sobre estilos

parentales, es normal que un adolescente excluya así a sus padres: ello forma parte de su viaje para convertirse en su propia persona. Nada más lejos de la verdad.

Llegar a ser una persona no tiene nada que ver con excluir a alguien. Alguien llega a ser la persona que ha de ser gracias a la capacidad para mantenerse fiel a sí mismo al tiempo que permanece conectado estrechamente con los demás. En cada fase de nuestro desarrollo, podemos ser fieles a nosotros mismos en la medida de lo posible y al mismo tiempo disfrutar de un vínculo significativo. Convertirse en persona favorece la franqueza, no la distancia ni la cerrazón. Sí, a medida que el niño crece necesita privacidad, además de la creación de relaciones aparte que acaso no incluyan a los padres. Esto es saludable. Sin embargo, no equivale a un debilitamiento del vínculo con los padres y los hermanos.

Tradicionalmente, se ha esperado que los padres lo sepan todo de los hijos, algo lógico cuando el niño es pequeño. No obstante, tiene que haber un desenganche gradual a medida que los padres van confiando en que el hijo será capaz de dirigir su vida. Hay un gradiente. Si respetamos este proceso natural, los hijos querrán contarnos aquellos aspectos de su vida susceptibles de ser compartidos. No pensarán en ningún momento que estamos entrometiéndonos en su privacidad o que no estamos emocionalmente disponibles para ellos... y que por tanto no nos interesa realmente lo que a ellos sí les importa.

Recuerdo una niña de doce años que se sentó delante de mí temblando de miedo. Sus padres la habían llevado a terapia porque les había estado ocultando las notas, y temían que estuviera escondiéndoles más cosas. Como la niña se negaba a explicar las razones de su comportamiento delante de los padres, pedí que me dejaran unos minutos a solas con ella. En cuanto los padres hubieron salido, en la energía de la niña se apreció una diferencia como entre el día y la noche. Enseguida relajó los hombros y se secó las lágrimas. «Decir a mis padres que me dan miedo es muy difícil —me confió—. Ellos nunca me entienden. Para ellos las notas van antes que mi felicidad. Lo único que les importa es que saque sobresalientes. Cada vez que me va mal, se disgustan tanto que me dan ganas de escapar. Ya no sé qué hacer.»

Expliqué a los padres que su hija los rehuía no porque no quisiera confiarles nada, sino porque al confiarse no se sentía segura. Dejé claro que la adolescencia es una época de la vida de los hijos en que, como padres, hemos de pasar del primer plano a un papel de reparto. «Es el momento en que ustedes han de convertirse en los aliados de su hija», subrayé.

«Nunca seré su amiga —objetó la madre—. ¡Soy su madre!» Aunque los sentimientos de la mujer iban en la dirección correcta en el sentido de que no quería desdibujar las fronteras entre padres e hija, no captaba la esencia de lo que yo estaba diciendo: «Ser aliado no significa difuminar las fronteras de ningún modo —expliqué—. No estoy pidiéndole que sea amiga de su hija. Al mismo tiempo, está usted demasiado identificada con su rol de "madre", debido a lo cual su hija siente que se ahoga y acaba comportándose como una niña. En vez de ser capaz de acudir a usted confiando en que respetará lo que ella quiere contarle, se oculta como una niña pequeña después de haber robado una galleta que le habían dicho que no tocara.»

Hoy a esta mujer aún le cuesta entender cómo ha de cambiar su papel de madre. Debido a ello, su hija adolescente sigue actuando de forma inmadura. La madre está todavía en modo «haciendo a» y no en modo «haciendo con». La incapacidad de la madre para respetar la creciente necesidad de mayor autonomía por parte de la hija, mientras esta aún se siente conectada a los padres, no ha hecho más que intensificar su conducta disfuncional. Cuando los hijos no ven satisfechas sus necesidades de una manera saludable, resuelven el problema por la brava. Por desgracia, el medio para lograrlo suele ser autodestructivo, por no mencionar que con frecuencia causa estragos en la vida de quienes les rodean.

Los padres se lamentan: «En cuanto llegó a la adolescencia, mi hijo se convirtió en un monstruo.» Lo que no entienden es que un monstruo no surge de la noche a la mañana. La adolescencia puede ser explosiva porque, al captar la mayor libertad y capacidad para expresarse que lleva aparejada esta etapa de la vida, el chico se siente por fin capaz de soltar lo que lleva tanto tiempo creciendo en su interior. Tengamos en cuenta que a los adolescentes les pedimos que crezcan, pero muy a menudo los tratamos como si aún tuvieran cinco años. Por ejemplo, en la escuela, ¡alguien de dieciséis años todavía debe pedir permiso para ir al baño! ¿Cómo se va a sentir adulto?

Un chico así no es ningún monstruo. El verdadero monstruo es la acumulación de necesidades insatisfechas. El adolescente cuyos padres no consiguen sintonizar con él mientras está creciendo decide finalmente que, como ya es mayor, puede cuidar de sí mismo. El problema es que no sabe hacerlo de una forma saludable, y entonces acaso escoja amigos y tome decisiones perjudiciales. Para los padres que no captan señales de que todo esto tiene que ver con necesidades insatisfechas, esta época puede llegar a ser una pesadilla.

La conducta disfuncional de los hijos siempre tiene que ver con necesidades insatisfechas. Incluso cuando se dedican a engañar y mentir descaradamente, hay que buscar la causa en esas necesidades que no se ven cubiertas. Este era el caso de Justin. Cuando su madre acudió a terapia, fue porque estaba a punto de estallar. Su hijo le había robado 200 dólares del bolso, el último de una serie de incidentes a cuál más negativo. Incapaz de afrontar ese mal comportamiento, estaba dispuesta a mandarlo a un internado.

Dada mi firme convicción de que todos los hijos quieren

decir la verdad si se dan las condiciones adecuadas, hice venir a Justin para verlo aparte. Como había previsto yo, desde el principio fue capaz de abrirse. Confesó sus fechorías sin vacilar: explicó que usaba el dinero para pagar a un profesor particular de química avanzada porque estaba suspendiendo y tenía miedo de que su padre, aficionado a imponer castigos severos, se pusiera furioso. La cruda sinceridad de su confesión era la que suelo experimentar yo con la mayoría de los chicos. «Sé que lo que hice está mal —me dijo—. No soy idiota, pero, con el padre que tengo, cada día de mi vida tengo ganas de tirarme por un barranco. Quizá mi madre tiene razón cuando dice que soy un inútil. Tal vez sería mejor que me fuera.»

El silencio en la estancia era palpable. Yo no estaba mirando los ojos de un ladrón, sino a un chico desesperado por obtener aprobación, que se había visto empujado a tomar caminos turbios por un sistema familiar incapaz de atender sus necesidades.

No puedo saber cuántos chicos y chicas jóvenes de los que he conocido han recurrido a las borracheras, a pasar hambre, a robar, a las sobredosis, a autolesionarse, mentir o acosar, a permitir ser tratados injustamente o a rebelarse de un modo u otro en un intento desesperado por cubrir una necesidad emocional subyacente.

Todos estos traumas derivan del hecho de que, como padres, por lo general solo sabemos criar a los hijos de la misma forma en que nos criaron a nosotros. Cuando los niños reavivan nuestro dolor por la manera en que nos educaron, lo único que sabemos hacer es cerrarnos en banda y controlar. Por consiguiente, nuestro mundo está lleno de niños heridos, desamparados, disfuncionales, que a su vez son portadores de la tiranía a la que fueron sometidos y que luego se transmite de generación en generación.

Aunque muchos estamos atrapados en conflictos con los

hijos buena parte del tiempo mientras tratamos de controlarlos, también simultáneamente tememos el conflicto porque despierta recuerdos desagradables del pasado. Una de las formas en que se pone de manifiesto este miedo al conflicto es el modo en que tendemos a evitar el establecimiento de fronteras y límites cuando estos son necesarios. Al no querer experimentar el malestar de ser considerados «malos», no somos capaces de pronunciar un rotundo «no» a los hijos cuando es esto lo que hace falta. Entonces la situación se intensifica hasta que los niños se convierten en tiranos, con un sentido tan fatuo y poco realista de su poder que nos empujan hasta hacernos montar en cólera, o bien su conducta llega a ser tan anómala que crean una situación que les explota en la cara, lo que causa estragos en casa, en la escuela o en su círculo social. Si permitimos que nuestra necesidad subconsciente de complacer dificulte la creación del receptáculo que todos los hijos necesitan, les hacemos un flaco favor.

19

La regla sobre las reglas

«¿Qué reglas debemos establecer para la conducta de nuestro hijo?», preguntan los padres.

Y mi respuesta les sorprende: «Las únicas reglas necesarias giran en torno a la seguridad. Son las *únicas* que rigen en mi casa.»

Cuando digo que la seguridad es un aspecto innegociable de la vida de un niño, como padres hemos de procurar no proyectar nuestros miedos en la situación, como el de ser golpeado por una pelota. Vivir es arriesgarse en cierta medida. Hemos de asegurarnos de que nuestros miedos, probablemente enraizados en la infancia o en lo que le pasó a otra persona, no asfixian el espíritu aventurero del hijo. Para una vida plena, es esencial ser valiente y arriesgar.

En el pasado yo me basaba en un arsenal de normas, como hacen muchos padres. Sin embargo, observé que estaba enganchándome a las reglas, en la esperanza de que, cuanto más detallara mis expectativas, mejor se portaría mi hija. Cuando digo «mejor se portaría» quiero decir, como es lógico, que somos más capaces de controlar a los hijos. No nos damos cuenta de que, aunque tal vez consigamos un control a corto plazo, los niños opondrán resistencia y en última instancia se rebelarán.

La mayoría de los conflictos con los hijos se producen sobre aspectos de la vida bastante triviales, en absoluto esenciales. Damos importancia a cuestiones secundarias, pasando por alto lo que de veras cuenta en el desarrollo de un niño. Por este motivo distribuyo las actividades en dos categorías, las imprescindibles y las opcionales. Pregunto a los padres: «¿Quieren ustedes realmente librar una batalla por algo que no es vital y, por tanto, tampoco esencial?»

Cuando digo «vital» me refiero a actividades como cepillarse los dientes, bañarse, aprender a leer y escribir o desarrollar ciertas habilidades sociales, por ejemplo, tener buenos modales o ser respetuoso con los demás. Estas destrezas preparan al niño para enfrentarse a las complejidades de la vida, en las cuales le pedimos que siga nuestro ejemplo, pues lo que está sobre la mesa no es solo nuestra agenda —nuestra preferencia personal—, sino algo esencial para su desarrollo saludable.

> La mayoría de los conflictos con los hijos se producen sobre aspectos de la vida bastante triviales, en absoluto esenciales.

En cambio, no es esencial que el hijo llegue a ser una estrella del equipo de natación o un científico, a conducir un coche ostentoso o a vivir en una casa de campanillas. Una vez hemos dejado esto claro, se han terminado las peleas sobre aprender piano o violín, ir a clases de ballet o sacar sobresalientes. Una buena formación puede ayudar, desde luego, aunque también es cierto que muchas de las personas económicamente más prósperas del mundo fueron un desastre en la escuela. ¿Cuántos de nosotros hemos vuelto a estudiar en etapas posteriores de la vida y hemos destacado porque hemos tenido una dirección y un interés claros en la materia elegida?

Al no convertir estos aspectos de la vida opcionales en problemas, permitimos que emerjan los intereses naturales del niño, la clave de su éxito. Cuando los padres toman lo vital por naturaleza y lo imponen al hijo para gratificar su propio ego, no hacen ningún favor al niño, pues se alejan del desarrollo para pasar a la manipulación. Ahora no es solo cuestión de tener una educación esencial, sino de que el hijo sea el primero de la clase y se matricule en Yale o Harvard. El hecho de que el cuerpo disfrute haciendo ejercicio ya no tiene nada que ver con correr, sino con emular a Usain Bolt. Ya no es una cuestión ligada al desarrollo de habilidades sociales básicas, sino de congeniar con la flor y nata del club de campo. Así es como enredamos las cosas y hacemos que los hijos se descarríen.

Las actividades vitales son «o blanco o negro». Las que pueden ser enriquecedoras pero no son vitales pertenecen al área de los grises. Los padres pueden adaptar actividades a las preferencias del hijo, utilizándolas como oportunidades para fortalecer en el niño la sensación de que está siendo escuchado y valorado.

Dar verdura a los niños pese a sus protestas y exigencias de comida rápida es vital. No obstante, también debemos respetar el hecho de que quizá los guisantes no son lo suyo y en cambio a lo mejor pueden tolerar el brécol. Podemos invitarles a ampliar poco a poco su paladar, pero no hemos de imponerles ningún alimento que les provoque rechazo, como tampoco nosotros nos tragaríamos ostras crudas o hígado si estos alimentos nos produjesen náuseas. También hemos de ser conscientes de que, en cuanto a los alimentos, no solo hay que tener en cuenta el sabor, sino también la textura. La ciencia ha demostrado que no todos tenemos las mismas papilas gustativas, ni siquiera la misma cantidad. Algunos tenemos muchas más, lo cual significa que detectamos texturas de manera distinta a como lo hacen otros. Por eso es un error insistir en que todos somos capaces de aprender a disfrutar de los mismos alimentos.

Entre los aspectos opcionales de desarrollo de los hijos también se incluyen las aficiones concretas que les atraen, los amigos que escogen y, en última instancia, la carrera por la que optan. En estos ámbitos, nuestras preferencias no cuentan. Por desgracia, muchos padres traspasan los límites de los hijos interfiriendo en su capacidad para tomar estas decisiones por sí mismos. Sobre todo cuando el niño es pequeño, esto se hace en nombre de «exponer a mi hijo a un amplio abanico de actividades». Cuando el chico opone resistencia porque los padres tienen demasiadas esperanzas puestas en las lecciones de piano, las clases de baile u otras actividades, dan comienzo las hostilidades. Y cuando los padres pretenden imponer sus deseos al hijo, la disciplina entra en la ecuación.

Los padres acaso insistan en que, para que tenga éxito, el hijo debe destacar en el campo de la ciencia. Basándose en la suposición de que sin ciencia el niño no irá bien encaminado, para los padres esa disciplina se convierte en una actividad vital. Por consiguiente, los padres imponen horas y más horas de clases particulares, considerando que la ciencia es fundamental para el futuro del chico. Que este abandone es impensable. Sin embargo, la absoluta necesidad de estudiar ciencias es una idea vital solo para los padres.

La religión es un tema más delicado, pues para muchas familias sí es vital. Pero ¿lo es realmente? Si creemos que los hijos deben seguir la religión en que fuimos educados nosotros, seguramente nunca se nos ocurrirá que puedan sacar provecho de la exposición a diversas opiniones alternativas, incluida la posibilidad de no adherirse a fe alguna. Conozco varios casos en que ciertos niños que eligieron un camino distinto fueron marginados por sus familias. También conozco el caso de gays que temen salir del armario debido a las creencias religiosas de sus padres, así como de gays y lesbianas que fueron expulsados de su casa porque su orientación sexual se consideraba «pecaminosa». No me corresponde a mí decidir si determinadas prácticas son vitales o no. En todo caso, los niños han de tener la posibilidad de elegir entre actividades que para ellos son no esenciales, aunque nosotros las consideremos de otro modo.

En lugar de reglas, podemos desarrollar en casa una cultura en la que participen todos. ¿Qué quiero decir con «cultura»? Me refiero a las cosas que hacemos de forma automática, en concreto actividades no opcionales. Por ejemplo, en mi familia todos nos cepillamos los dientes antes de acostarnos. Como es una actividad vital, se espera que la llevemos a cabo cada uno de nosotros, y nos la requerimos mutuamente sin ningún sentimiento de culpa. Creamos simplemente una rutina de hora de acostarse en la que limpiarse los dientes es una de las acciones esenciales que nunca se pasa por alto.

Si los padres realizan de forma sistemática una actividad así, acaba siendo una parte natural del día. Bañarse o ducharse, recoger la ropa o los juguetes cuando ya no se utilizan, quitar los platos de la mesa después de comer en la medida en que sea pertinente a la edad... todas ellas son actividades vitales. En este sentido, ya no son «tareas domésticas» asignadas a un niño, sino parte del funcionamiento de la casa.

Una cultura familiar en la que participen todos es mucho más atractiva que las reglas, que tienden a connotar un estilo parental en el que los padres imponen al hijo un requisito determinado. Prefiero entender la labor parental como una forma de relación que surge orgánicamente de la estructura de la vida familiar, evitando así a los padres la necesidad de imponer una «regla» de manera artificial.

De la misma manera, la seguridad de un niño llega a ser un aspecto innegociable de la vida familiar, pues el hijo ve que los progenitores preservan su seguridad y la de cada miembro de la familia al abrocharse el cinturón de seguridad en el coche, con independencia de si resulta cómodo o no.

¿Queda claro por qué ya no hablo de reglas en absoluto? He acabado comprendiendo que la manera de ser de la familia se encuadra en categorías perfectamente naturales: actividades vitales o actividades que pueden ser enriquecedoras pero no son vitales forzosamente. Al establecer un estilo de vida —una cultura familiar en la que participan todos—, las reglas se tornan innecesarias.

Podemos ver por qué me he alejado de la idea de las reglas si pensamos en lo inoperantes que resultan entre los adolescentes, en quienes son una frecuente causa de tensión. Si hay una cosa que detestan los adolescentes es que les digan lo que deben hacer. Tras haber estado toda la vida obedeciendo a sus padres y profesores, los adolescentes muestran una especie de reacción de reflujo gastroesofágico contra las reglas. ¡Como tiene que ser! Los adultos, sin duda, protestamos si nos hacen sentir como marionetas de alguien; ¿por qué no van a protestar los chicos?

> Prefiero entender la labor parental como una forma de relación que surge orgánicamente de la estructura de la vida familiar, evitando así a los padres la necesidad de imponer una «regla» de manera artificial.

En el caso de los niños mayores, los padres deben comprender que lo único que importa es la relación que compartimos con ellos. En esta fase, esto es lo primordial. Las reglas se oponen a la incipiente independencia del adolescente, no tienen en cuenta que la adolescencia es una época para disfrutar de más autonomía a medida que el chico se prepara para enfrentarse al mundo. Cuando los padres imponen normas, están preparando el terreno para conflictos que no van a poder resolver.

La necesidad de reglas deriva de la ansiedad respecto a la capacidad de dar ejemplo a los hijos. En cuanto tenemos clara nuestra vida, de tal modo que vivimos con integridad, coherencia, finalidad y dirección, nuestra mera presencia se convierte en el faro de los hijos. En lugar de imponer un control externo mediante reglas, nos basamos en el poder de la presencia para guiar a los hijos, lo que se expresa en la conexión que mantenemos con ellos. En otras palabras, reconocemos que como mejor aprenden los niños es mediante ósmosis.

20

Cómo reaccionar ante un adolescente que se rebela

Muchos adolescentes se distancian de sus padres; en algunos casos abandonan la escuela, exhiben conductas peligrosas e incluso criminales, se incorporan a bandas o se escapan de casa.

Los padres a menudo pasan por alto las señales de que el adolescente sigue una dirección autodestructiva, pues están demasiado obsesionados con su ajetreada vida, sus preocupaciones o los planes para su hijo. Veamos algunos de los indicadores habituales de que está apareciendo una grave fisura entre el hijo y los padres.

Los adolescentes suelen violar el toque de queda. Cuando pasa esto, es importante que los padres no adopten la actitud siguiente: «Esto es un comportamiento grosero, inaceptable. Está mostrándose difícil, desafiante. Tengo que pararle los pies.» Lo que conviene más bien es reconocer que el chico quizás haya estado haciendo algo demasiado interesante para pensar en las reglas. Lo que seguramente pasa por la mente del adolescente es un rótulo que dice algo así: «Tus reglas ya no funcionan conmigo. No soy un niño.»

Otra explicación frecuente de la violación del toque de

queda es que el adolescente no entiende su valor y lo considera un medio de control... y muchas veces está en lo cierto. Los padres suelen crear normas que no hacen ninguna falta. Por este motivo, es aconsejable que reexaminen la finalidad que subyace bajo las reglas y se pregunten si están concebidas para favorecer al máximo el desarrollo holístico del muchacho.

Si un adolescente viola el toque de queda, los padres sensatos se sientan con él al día siguiente —*no* esa misma noche, pues es el momento de darle la bienvenida a la seguridad del hogar— y abren el espacio para un diálogo sincero sobre la mejor forma de satisfacer las necesidades de ambas partes. Como para los padres es muy difícil dejarlo correr, quizá digan algo así: «Necesitamos tu ayuda para ver tu punto de vista. Busquemos un terreno común y analicemos formas para satisfacer los intereses de todos.»

> Los padres suelen crear normas que no hacen ninguna falta. Por este motivo, es aconsejable que reexaminen la finalidad que subyace bajo las reglas y se pregunten si están concebidas para favorecer al máximo el desarrollo holístico del muchacho.

Observo que cuando los padres se acercan de una manera no agresiva al adolescente, este se muestra más dispuesto a buscar soluciones satisfactorias para ambas partes. Quizás el chico se dé cuenta de que, a menos que los padres lo llamen al acercarse el toque de queda, es probable que a él se le olvide. Entonces los padres pueden escoger entre llamar al hijo o programar una alarma en el móvil para avisar de la hora tope.

En ciertos casos, los adolescentes procuran no volver a casa para eludir una situación que dista de ser ideal. Los padres deben captar hasta qué punto contribuyen a un entorno hostil para el chico, y tomar las medidas necesarias para cambiar las cosas. En una situación así, es crucial que los padres estén abiertos a un *feedback* sincero. De esta manera, si la decisión surge de un acto compartido, el adolescente la podrá aceptar.

¿Y si el adolescente sigue infringiendo el toque de queda incluso después de haber mantenido un diálogo sincero? Esto es un signo inequívoco de que el chico se siente desconectado de los padres, razón por la cual hace oídos sordos a sus preocupaciones. Me lo dijo así un adolescente: «No respeto el punto de vista de mis padres. No les comprendo. Pero me parece que ellos tampoco me respetan ni me entienden a mí.»

En una situación como esta, es probable que los padres lleguen a esta conclusión: «Nuestro hijo va a echar a perder su vida y no podemos permitirlo. Va directo al fracaso. Vamos a enseñarle quién manda aquí.» Y entonces lo que sigue es alguna clase de castigo como último recurso de los padres, lo cual solo sirve para distanciar más al hijo. ¿Es de extrañar que en Estados Unidos uno de cada siete chicos de entre diez y dieciocho años se hayan escapado alguna vez de casa, y que en un momento dado haya entre uno y tres millones de niños viviendo en la calle?

Lo que hace falta es que los padres escuchen el grito de ayuda, que el adolescente ha intensificado al pasar por alto cosas como el toque de queda. La única intervención que puede funcionar es el diálogo sincero, concentrado, en virtud del cual cada uno analiza sus propias preocupaciones y cómo estas van minando la capacidad de entenderse con el otro.

Para conseguir esto, suele ser necesario recurrir a la pericia de un terapeuta cualificado. Solo con la ayuda de un moderador profesional cada parte estará por fin en condiciones de captar las perspectivas de la otra. En última instancia, los padres han de reconocer el modo en que su enfoque ha dificultado el establecimiento de límites coherentes que el hijo sea capaz de aceptar.

¿Qué hacen los padres si descubren que su hijo adolescente hace novillos y fuma? Desde la perspectiva de los chicos, están probando una nueva conducta como medio para reafirmarse. Si son sinceros, en realidad no saben lo que están haciendo y se sienten bastante desconcertados. Saltarse las clases y fumar puede ser un alivio temporal de la sensación de estar perdido, pues en ambos casos el adolescente se siente «guay». Este comportamiento es una llamada de ayuda inmediata. El chico acaso esté diciendo: «No tengáis miedo de hablar conmigo. Ayudadme a abandonar este camino destructivo.»

Como es lógico, los padres que no se dan cuenta de que este es el mensaje que subyace a la conducta seguramente reaccionarán así: «¿Cómo se atreve a hacernos esto? Está echando a perder nuestra reputación en la comunidad. Lo expulsarán del instituto y nunca lo aceptarán en la universidad.» Cuando una reacción así va seguida de castigos como la prohibición de salir o la pérdida de privilegios con respecto al teléfono, la televisión o el ordenador, el chico recibe el mensaje de que a los padres les preocupan más las notas —por no hablar de su imagen ante las demás personas— que él mismo.

Para los padres, la manera de avanzar es volviendo a conectar con el hijo, ayudándole a canalizar su frustración de una manera más saludable. Quizás empiecen a pasar más tiempo juntos en casa. Quizá se planteen opciones educativas alternativas que ayuden al hijo a integrar mejor la vida académica en la vida social y familiar. Quizá vayan a terapia juntos.

Obsérvese que, en cada uno de estos escenarios, el mensaje subyacente al comportamiento del hijo nunca es lo que imaginan los padres. Obsérvese también que este mensaje del hijo se opone frontalmente a la agenda parental, lo que se traduce en una colisión de voluntades. El chico siempre actúa movido por la necesidad, buscando en los padres restitución y reparación. Curiosamente, los padres también actúan a partir de la necesidad. La diferencia es que no corresponde al hijo satisfacer las necesidades de los padres: esto es algo que los progenitores han de hacer por sí mismos. La obligación de los padres para con los hijos consiste en ayudarles a desenvolverse entre sus sentimientos.

La conducta disfuncional es siempre señal de que el niño ha perdido contacto con lo que es en realidad. Por eso la idea de las reglas no es útil. No es cuestión de reglas, sino de conexión: del niño con su ser interior y de los padres con el niño.

Si la conexión es importante en casa, también es vital si la educación ha de ser realmente efectiva. Imaginemos que todas las escuelas se propusieran conectar con los niños y no se centraran tanto en las reglas. Por desgracia, muchas escuelas parecen estar incrementando el número de reglas a expensas de la auténtica conexión.

¿Cómo pueden volver a conectar los padres de una persona joven totalmente alienada? Una historia difundida el Día de la Madre de 2013 como parte del programa *Songs of Praise* de la BBC señala el camino. En el programa aparecía una madre cuyo hijo llegó a ser miembro de una de las bandas más conocidas de su barrio. La primera vez que Mimi Asher tomó conciencia de la apurada situación en que se encontraba su hijo Michael fue cuando un agente de policía llamó a la puerta, preguntó por él y luego le explicó que Michael estaba metido en el crimen organizado.

Mimi notó que se le disparaban todas las alarmas, y como cabe suponer se hundió en un estado de depresión. Entonces comprendió que necesitaba hacer algo. Sin embargo, intentar comunicarse con el hijo sería difícil, pues él no le contaría nada. Se dio cuenta de que solo podría llegar a Michael a través de sus amigos.

Mimi quitó todos los muebles de su salón y creó en su casa un espacio amplio y abierto, sustituyendo las cómodas sillas y otros objetos por una mesa de *snooker*, un televisor y un equipo de DVD. Entonces empezó a invitar a los amigos de Michael para que se relajaran y fueran ellos mismos.

Cuando los integrantes de la banda empezaron a ir a la casa, Mimi comenzó poco a poco a conocerlos y a establecer una relación con ellos. Al final acabó siendo una madre de montones de amigos de Michael, hasta el punto de que les lavaba la ropa y se aseguraba de tener para ellos suficiente comida en la cocina. «Todo el mundo responde al amor —dice Mimi—, y el amor es lo más grande que hay.»

Al margen de lo endurecidos que estuvieran aquellos muchachos, sí respondieron al amor que les dio Mimi. Como consecuencia de ello, su hijo Michael pasó de ser miembro de una banda a miembro productivo de la sociedad.

«Mi madre era la madre de todos», dice Michael. Daba igual que mucha gente del barrio murmurara sobre Mimi por abrir la casa a tantos jóvenes poniendo en entredicho su sentido de la dignidad. «La gente no entendía el poder que tenía aquella actitud abierta», dice Michael.

El objetivo de Mimi de conectar con los jóvenes llegó a ser la razón de que la vida de muchos cambiara y su propio hijo no acabara en la cárcel. Como dijo de ella un antiguo miembro de la banda, «yo la llamo mi segunda madre, y quizás otros cincuenta la llaman su segunda madre».

Con independencia de si amas realmente a tu hijo debido a tu fe, a tu creencia en el valor de la vida humana o simplemente al hecho de haberlo traído al mundo, en la labor parental la conexión lo es todo.

21

Evitar peleas sobre los deberes escolares

Audrey estaba pasándolo fatal con su hijo Mike y sus deberes escolares. Me explicaba continuamente las peleas por los estudios, tras las cuales él decía cosas como: «Soy estúpido y tonto, un idiota.» Así que Mike sacaba malas notas.

Pedí a Audrey que grabara en vídeo las sesiones de estudio de Mike. Cuando vimos los vídeos juntos, comprobamos que todos comenzaban con Mike estudiando por su cuenta. Entonces Audrey entraba en el cuarto, se quedaba detrás del hijo y lo observaba. Esto hacía que él se pusiera tenso. A la larga, cuando la tensión aumentaba lo suficiente, él gritaba: «¿Qué estás haciendo mamá?»

«Lo estás haciendo todo mal —decía Audrey—. Así no se responde a esta pregunta. Tienes que parar y volver a empezar.»

«¿Qué quieres decir? —reaccionaba Mike—. Me he pasado todo el día en clase haciendo esto y solo me quedan unos cuantos párrafos más. No puedo empezar de nuevo.»

En este punto Audrey recurría a la reprimenda. «Eres un vago. Siempre tomas el camino fácil. O vuelves a empezar, o este viernes no irás al cine con tus amigos.»

Mike cerraba el libro de golpe sobre la mesa y salía furioso de la habitación gritando: «Te odio. Odio la escuela. ¡Odio mi vida!»

Los vídeos revelaban que este había sido un guion habitual para Audrey y Mike. A ella le expliqué que, aunque su intención era ayudar a Mike a hacer mejor sus deberes, estaba entorpeciendo el proceso de aprendizaje, toda vez que sus intervenciones afectaban a la confianza del chico en sí mismo y minaban su placer en el aprendizaje, con lo que se debilitaba su motivación. «¿Por qué asume usted el rol del profesor? —pregunté—. ¿Su hijo le ha pedido ayuda? ¿Le ha pedido el profesor que ayude a su hijo?»

Cuando Audrey admitió que su intromisión derivaba de su preocupación por el rendimiento académico del hijo, sugerí: «Si usted se sale de la ecuación, Mike ajustará su esfuerzo para que encaje con lo que siente respecto a lo producido. La presencia de usted sirve solo para paralizar su deseo natural de hacerlo bien, lo que se refleja en el hecho de que trabajó todo el día en un proyecto que, según usted, tenía que comenzar otra vez.»

Audrey lo entendió y en lo sucesivo cambió su enfoque. Como dejó de dirigir los estudios de Mike y de mostrarle su aprobación o desacuerdo, permitió que su hijo se evaluara y dirigiera a sí mismo. En cuestión de semanas, Mike empezó a recuperar su confianza y se tomó los estudios con entusiasmo. Había tomado las riendas de su destino académico.

Dado que en el mundo educativo hay muchas variables en juego, como las relaciones entre profesor y alumno, la presión de los compañeros, la capacidad académica inherente del chico o diversos factores atencionales, el hecho de no estudiar como es debido no es una simple cuestión de rebeldía o pereza. Por esta razón, no hay una respuesta única válida para todos los niños. Corresponde a los padres formular preguntas a fin de establecer con exactitud dónde necesita ayuda el hijo. Veamos cómo puede hacerse.

Los padres se sientan con el hijo para hablar de la mejor forma de ayudarle. De este modo, están buscando respuestas a preguntas como: ¿Qué echa en falta mi hijo? ¿Por qué está oponiendo resistencia? ¿Qué apoyo puedo ofrecerle? ¿Necesita ayuda adicional aparte de la que puedo prestarle yo? ¿Está inquieto por algo? ¿Puedo ser modelo de algo para él? ¿Puedo ayudar a mi hijo a orientarse sin someterlo a ninguna dependencia de mí? ¿Puedo llevar a cabo lo que haga falta de manera paciente, coherente y compasiva?

Tendemos a pensar que hemos de obligar a los hijos a estudiar, que el aprendizaje es algo que se les impone. Y es precisamente este tipo de actitud lo que contamina el proceso de aprendizaje. Si nos fijamos en cualquier niño pequeño que no ha sido condicionado para resistirse al aprendizaje, advertimos que es curioso por naturaleza. En un simple paseo por la acera, se queda fascinado por un gusano o un caracol que se arrastra por el suelo, una mariposa posada en una hoja, una abeja recogiendo néctar de una flor. Cuando estamos preocupados por nuestros intereses y no tenemos en cuenta los del hijo, no damos tiempo a que florezca la fascinación de este por la vida. Ahora andar por la acera tiene que ver sobre todo con ir corriendo a la escuela, a la clase de ballet o al partido de turno, no con la experiencia de caminar por un mundo lleno de maravillas. De esta manera matamos la tendencia connatural del niño a explorar y aprender.

Dado que nuestras preocupaciones son muy a menudo las únicas que aparecen en el radar, el hijo ha de adaptarse a nuestro programa, lo cual transmite el mensaje de que su curiosidad natural por su entorno no es importante. Y unos años después nos preguntamos por qué hemos de obligar a los hijos a aprender mediante estrategias manipuladoras dirigidas a superar la resistencia que precisamente *nosotros* hemos creado en ellos.

Muchos padres se quejan de que lograr que sus hijos adolescentes estudien es una pesadilla. Un ejemplo es Emma. De pequeña, era una niña curiosa y llena de vida que se lo pasaba en grande interaccionando con su mundo. Cuando se le preguntaba qué quería ser de mayor, siempre estaba rebosante de ideas. «Quiero ser astronauta —decía ilusionada—, o agente de policía.» O hablaba de ser veterinaria, jardinera, maestra... su imaginación era ilimitada, reflejo de su amor a la vida. Sin embargo, cuando llegó a la secundaria, la confianza en su capacidad para ser lo que quisiera se había visto socavada por dudas debilitantes. Cuando era niña, decía con una amplia sonrisa: «Soy lista, ¿verdad, papá?» Luego, a los catorce años, como no sacaba sobresalientes tal como esperaban sus padres y profesores, se resistía a aprender.

Quiero hacer hincapié una vez más en que cuando no favorecemos la curiosidad natural de los niños, permitiéndoles desarrollarse en ámbitos de la vida con los que conectan en vez de imponerles un plan de estudios más ligado a nuestras preocupaciones que a las suyas, pierden su conexión innata con la vida. Aprender deja de ser un placer para convertirse en algo que se les impone artificialmente. ¿Es de extrañar que no quieran hacer los deberes?

> Cuando no favorecemos la curiosidad natural de los niños, permitiéndoles desarrollarse en ámbitos de la vida con los que conectan en vez de imponerles un plan de estudios más ligado a nuestras preocupaciones que a la suyas, pierden su conexión innata con la vida.

Por lo general, el sistema educativo no se centra en la inclinación natural del niño. En muchos casos, tampoco presta verdadera atención al hecho de que, si se le permite seguir su propia curva de aprendizaje interior, el niño asimila los conocimientos de distinta forma y a otro ritmo. Puede que un chico tenga interés en las matemáticas a los nueve años; es posible que a otro, a esa misma edad, no le interesen las mates, pero de pronto, en el instituto, empieza a gustarle la física, lo que lógicamente provoca la necesidad de estudiar matemáticas. Como señalé antes, cuando este estudiante se dedica en serio a las mates a la ya avanzada edad de dieciséis años, lo hace con una mentalidad totalmente distinta. Asimila las ecuaciones quizá con más ganas, aventajando incluso a sus compañeros de clase. Ello se debe a que su interés surge de un vínculo interno con el camino que ha escogido y no de la necesidad de someterse a un currículo que nada tiene que ver con quien es como individuo único.

Un amigo mío fue un buen estudiante hasta los doce años, edad en la que sus intereses tomaron una dirección totalmente distinta. A lo largo de toda la secundaria hizo el vago, aprendió lo imprescindible para ir tirando. Pese a ser un alumno con capacidad de alcanzar considerables logros académicos, sacaba malas notas, y los profesores le reprendían continuamente. Le decían que no llegaría a nada y que «acabaría haciendo hamburguesas en cualquier cuchitril», y entonces entró en una etapa de apatía de varios años en la que solo mostró interés por la televisión y el rock. A los veintitantos, siendo ya un cocinero de poca monta tal como le habían vaticinado, descubrió que tenía una habilidad especial para la cocina. Tras completar los estudios de hostelería, hizo un aprendizaje en un restaurante de lujo y luego abrió su propio negocio, que acabó teniendo un éxito espectacular.

Si un niño no va bien en clase, puede que sea debido a diversos factores, como la motivación, la atención o la capacidad. Nuestro cometido consiste en sacar a la luz cuáles de esos factores están en juego y luego crear un programa que ayude al niño a potenciar sus destrezas en esas áreas. Cuando castigamos, aliviamos nuestra ansiedad, pero dejamos al hijo con una sensación de ineptitud e indefensión. En otras palabras, la disciplina solo agrava el problema existente.

¿Con qué frecuencia son castigados los hijos por no hacer cosas que simplemente son incapaces de hacer? Por ejemplo, un amigo mío creció en Inglaterra en la época del *baby boom*. Si se equivocaba al multiplicar, le pegaban. ¿Desde cuándo saber sumar, restar, multiplicar o dividir es una cuestión moral? ¿Por qué hay que castigar eso? El niño acierta de lleno al percibirlo como algo totalmente injusto.

Como creo que las notas no son un indicativo preciso de la inteligencia y la competencia de una persona, nunca me he centrado en ellas. Son simplemente una medida de si uno es competente en el deporte de los estudios. Sin embargo, en muchísimos hogares el rendimiento académico es un símbolo de la valía del niño. El esfuerzo y el amor al proceso de aprendizaje se ven eclipsados por gráficos comparativos y puntuaciones arbitrarias. Tengo tan claro que las notas no tienen ninguna finalidad significativa, que las suprimiría del todo. Por eso no presto atención a las calificaciones de mi hija.

Los padres suelen preguntarme: «Entonces, ¿cómo se enseña al hijo que aprender es importante?» (Quizá la pregunta que hay que formular es: «¿Cómo han desaprendido los hijos lo que para ellos era natural?»)

Mi respuesta es que estimulo el aprendizaje centrándome en su diligencia en la preparación de un examen mientras le digo al mismo tiempo que, una vez hecho el esfuerzo, el examen es irrelevante. Si mi hija llega a casa y dice: «¿Quieres saber mis notas?», yo digo: «¿Cómo te sientes respecto a lo que has hecho?» Le recuerdo que lo único importante es su compromiso con la materia de estudio, no lo que piensen el profesor o los padres. La verdad es que no miro sus notas.

Esto no significa que me dé igual el *feedback* del profesor. En cualquier caso, me centro menos en la posición relativa de la niña en clase y más en su crecimiento como individuo multifacético, preocupándome tanto por transmitirle *feedback* sobre sus destrezas sociales como por ayudarle con las matemáticas. Reconozco asimismo que su manera de ser hará que destaque en ciertas áreas y no tanto en otras. Y, naturalmente, no creo en absoluto que sus calificaciones den imagen alguna de mí.

Si me salgo de la ecuación de mi hija y su compromiso con sus estudios, ambas quedamos liberadas para centrarnos en las habilidades que necesita ella para destacar en la vida, sin la presión de complacer a los padres ni a los profesores. El resultado es que no tiene ansiedad ante los exámenes, con lo cual mejora su rendimiento. Muchos de mis pacientes jóvenes, incluso de ocho o nueve años, se quedan paralizados y sufren retortijones provocados por ansiedad aguda sobre lo bien o mal que les va en la escuela. Preguntémonos por qué es tan elevado el índice de suicidios en las principales universidades. En Cornell, debido al número de suicidios se han instalado vallas en los puentes.

La cultura de la competición es perpetuada por los adultos, no por los niños, que solo disfrutan interaccionando con la vida a su manera, cuando les es permitido. Todo acaba siendo cuestión de ganar o perder. Así se quejaba un adolescente en mi consulta: «Cuando vuelvo a casa desde la escuela, mi madre nunca me pregunta cómo me siento ni qué tal me ha ido el día, sino que exige con ansiedad saber cómo era el examen o qué tal me ha ido.» Es así como los niños aprenden que su desempeño es más importante que su bienestar.

¿Qué deben hacer los padres si su hijo va mal en la escuela? ¿Cómo han de reaccionar ante el boletín de calificaciones? Muchos me dicen esto: «Las notas son un hecho de la vida. Hay que aprobar los exámenes. Sin formación, un niño no puede ir a ninguna parte.» Sí, estas son realidades que hay que gestionar. No obstante, los boletines de notas son solo un pequeño indicador de cómo le van al niño las cosas desde el punto de vista académico y, desde luego, no constituyen una medida de su valía. Desde temprana edad, los padres deben transmitir al niño que no conviene dar demasiada credibilidad a las calificaciones.

Me permito añadir que la razón de que los niños opongan resistencia a los deberes escolares es que les fastidia volver a sentarse ante un escritorio después de haber estado en el pupitre casi todo el día. Esto va en contra de la inclinación y las necesidades naturales de los niños, sobre todo los más pequeños. Las tareas escolares son uno de los inventos más absurdos sobre la faz de la Tierra. Cuando deberían estar al aire libre o haciendo algo que les gustara, los niños se ven forzados a aceptar una pesadez adicional tras un día en el que ha habido poco más que pesadez. Así de insensato es el mundo en que vivimos. Si queremos añadir otro nivel de absurdidad, recalcamos la necesidad de estudiar para un examen. ¿Esto es aprender, realmente? ¿O solo es una manera de elevar la ansiedad del niño, lo cual solo hará que olviden lo que han estudiado tan pronto haya terminado el examen?

Aunque nuestra cultura valora el título universitario, es un hecho que muchos licenciados están buscando trabajo. Y, como he señalado antes, son muchas las personas de éxito a las que nunca les fue muy bien en los estudios. Sir Winston Churchill, solo por nombrar a alguien que desempeñó un papel crucial en la defensa de la libertad del mundo, se vio obligado a aprender latín y no mostraba el menor interés en la materia. Sacaba unas notas malísimas.

Muchísimos jóvenes adolescentes y de veintitantos años se encuentran desorientados. Envueltos en la apatía, o bien evitan la realidad mediante una conducta autosaboteadora, como emborracharse o tomar drogas, o llevan una existencia cotidiana mecánica, limitándose a cumplir las formalidades. La realidad es que son almas perdidas que llevan tantos años aguantando que les regulen mediante manipulación externa que no saben implicarse en la vida desde su insensibilizado centro. En resumidas cuentas, la manipulación que creemos que va a motivar acaba matando el espíritu del niño.

22

¿Por qué acosan los niños?

¿Cómo es posible que un precioso bebé, al crecer, llegue a acosar o a secuestrar, violar o disparar a otro ser humano? En el caso extremo, ¿cómo es posible que un bebé inocente acabe convirtiéndose en un sociópata o un psicópata?

Comúnmente se cree que en un niño se producen disfunciones graves si los padres no se muestran lo bastante firmes. Según el saber popular, al dejar que los hijos hagan lo que les apetece en vez de imponerles disciplina, estos crecen sin control.

A mi juicio, lo que falta no es disciplina sino una conexión con los sentimientos del niño, que han quedado coartados. Cualquier práctica disciplinaria que usen los padres solo perpetuará en el niño la sensación de desconexión.

Lo que crea al acosador, al criminal, al violador y al psicópata es la falta de corazón, no la falta de disciplina.

Cuando los padres u otros adultos significativos en la vida de un niño generan sin querer una situación en la que están tan absortos en su propia agenda que no oyen lo que el hijo intenta transmitirles, este crece sintiéndose invalidado. A medida que brota en el niño una sensación de poca valía, a este solo le quedan dos recursos. El primero es tragarse los senti-

> Lo que crea al acosador, al criminal, al violador y al psicópata es la falta de corazón, no la falta de disciplina.

mientos, lo que desemboca en ansiedad, autolesiones como trastornos alimentarios o cortes, y depresión en los casos graves. El segundo es proyectar en los demás lo mal que se siente consigo mismo. Privado de poder, quiere privar de poder a los otros. Tratado como un objeto, intenta deshumanizar a los demás.

Quiero hacer especial hincapié en que cuando la voz interior de un niño es o bien rechazada, o bien silenciada mediante amenazas u hostigamiento, él ya no puede responder a esa voz, y así es como pierde contacto con la empatía natural de un ser humano hacia otro. De ahí pueden derivar cosas fatales, tanto para el individuo como para quienes se cruzan en su camino.

Veamos el ejemplo del empleado que es despedido, vuelve a su antiguo lugar de trabajo y dispara no solo sobre el jefe, sino también sobre algunos de sus antiguos compañeros. Esto sucede cuando una herida de la infancia se ha enconado con los años. Cuando surge una situación que recrea una dinámica similar a la de la infancia del individuo, esto reabre la vieja herida con todo el rencor, el resentimiento y el enojo asociados. Las nuevas circunstancias dan lugar o bien al colapso emocional de un asesino enfurecido, o bien a la frialdad causante de una masacre premeditada y calculada como la de Sandy Hook Elementary.

Pregunté a mi hija: «¿Te han acosado alguna vez?»

«Algunos niños lo han intentado —dijo—, pero yo no les dejo.»

«¿Qué haces cuando alguien intenta acosarte?», pregunté.

«Me voy.»

¿Por qué no van tras ella los acosadores? Porque las vibraciones que emite la niña no invitan a ello. Los acosadores/

bravucones notan la fortaleza interior de mi hija y se dan cuenta de que no van a poder intimidarla. Por ejemplo, cuando contaba unos seis años, alguien le dijo que tenía el pelo feo, a lo que ella replicó de forma espontánea: «Pues resulta que mi pelo me gusta un montón, muchas gracias.» Y ahí se acabó la interacción.

Un elemento clave para impedir que los niños sean víctimas del acoso es estimular su reafirmación personal, que es algo esencialmente distinto de la agresividad. Los padres alientan la reafirmación personal —o confianza en uno mismo— cuando contribuyen a que la voz de los hijos se oiga fuerte y clara en la familia. Un niño que se muestra seguro de sí mismo en casa muestra automáticamente la misma seguridad en el patio de recreo. Los acosadores/bravucones «huelen» el miedo. Un niño seguro de sí mismo tiene tal aura de presencia a su alrededor que no permanece mucho tiempo en el radar del intimidador.

Esto no significa que incluso las personas firmes y enérgicas no puedan ser atacadas a veces. Ha habido mujeres fuertes, muy seguras de sí mismas, que han sido violadas e incluso asesinadas, no digamos ya niños. En cualquier caso, aunque haya algún incidente ocasional —sobre todo si estamos en el lugar equivocado y en el momento más inoportuno—, se tratará de un caso excepcional, no de un patrón en la vida de un niño.

¿Cómo deben responder los padres ante el acoso?

No hay una respuesta universal válida para todos los casos. Los padres han de evaluar cada situación, equilibrando el deseo de actuar enseguida, y proteger al niño y la postura observadora que permite a este resolver sus relaciones sociales por su cuenta. La reacción de los padres ha de ajustarse a la gravedad de la situación. Muy a menudo, los hijos reciben demasiada protección al menor contratiempo social, lo que se traduce en cierta incapacidad para gestionar las relaciones por sí solos. No obstante, hay que señalar que a menudo los padres saltan al otro extremo del espectro de respuestas, es decir, no prestan atención a las señales de alerta. Por ejemplo, si un niño sufre acoso cibernético, y pide ayuda, corresponde a los padres intervenir con decisión.

Para ilustrar lo anterior, tenemos el ejemplo de la hija de una amiga sometida a un acoso cibernético que consistía en la publicación de toda clase de calumnias sobre ella en una página web. Como no iba a permitir que su hija fuera una víctima, la madre tomó medidas y acudió a las autoridades competentes a denunciar la naturaleza difamatoria de los ataques. El resultado fue que los autores fueron expulsados.

En contraste, Amanda Todd, de quince años, de Vancouver, Canadá, se suicidó dejando en YouTube un escalofriante vídeo en el que detallaba cómo había sido acosada, chantajeada y físicamente agredida sexualmente después de haber sido presionada para dejarse fotografiar los pechos y de que luego la foto fuera viral. En el vídeo, se ve a Amanda sosteniendo una nota que dice: «No tengo a nadie. Necesito a alguien.» Es en circunstancias así cuando los padres y otros cuidadores han de estar en estrecha comunicación con los niños prestando toda la atención necesaria, interpretando las señales.

En Irlanda, Erin Gallagher, de trece años, se suicidó tras aguantar un despiadado acoso *online*, avisando incluso en una popular red social que quienes la perseguían estaban induciéndole a ahorcarse. Nadie le hizo caso. En California, Audrie Pott, de quince años, se colgó ocho días después de ser violada tras desmayarse en la fiesta de una amiga, una escena pornográfica que fue viral toda vez que sus supuestos agresores, menores de edad, difundieron fotos *online*. Los padres no supieron nada de la violación ni la persecución hasta después de la muerte de la hija.

En muchos casos, los hijos piden a gritos nuestra intervención, pero sus súplicas son desatendidas. Cuando los niños no están acostumbrados a que se satisfagan sus necesidades no suelen tener las destrezas para conseguir el apoyo preciso. En vez de exigir la ayuda que tienen derecho a recibir, su voz queda reducida a un susurro.

A veces se dice que los niños que sufren acoso y acaban suicidándose fueron objeto de mucha intervención. De esto precisamente hablamos en este libro, de la intervención de los padres y del personal de la escuela que es ineficaz porque refleja la agenda de los *adultos* y no conecta realmente con las *necesidades del niño*.

El acoso se aprende en casa. Cuando a una conducta como «golpear» respondemos con una conducta parecida, estamos enviando a los hijos un mensaje letal: «Golpear está bien si eres adulto, pero no si eres pequeño y desvalido.» Si un niño pega, suele ser porque se siente de algún modo privado de poder. Pegarle por haber pegado a alguien solo sirve para privarle de más poder aún, lo que a su vez incrementa su necesidad de defenderse, con lo cual golpea más para autoprotegerse, y de ello surge un acosador.

Los padres han de invertir tiempo y energía para reorientar al niño cada vez que este arremeta contra alguien, y enseñarle a utilizar otras formas de comunicación. La manera en que respondemos a la frustración puede ayudar al hijo a desarrollar un repertorio de respuestas más útiles a su sensación de impotencia.

En lugar de imponer disciplina a los niños, lo que inevitablemente conduce a la conformidad, los padres han de enseñar a los hijos a conocer sus sentimientos y a no tener miedo de hablar alto y claro si algo no está bien. Es importante acudir en ayuda de los niños cuando una situación es grave, pero no es menos relevante estar sintonizado con sus necesidades desde una edad temprana y enseñarles a no tener miedo cuando se trata de defenderse uno mismo.

El problema consiste, de nuevo, en que los padres desconectados de sus verdaderos sentimientos y necesidades son incapaces de ayudar a sus hijos, pues no pueden conectar de la manera en que estos requieren. La desconexión se manifiesta en el abismo existente entre la mente y el corazón, el hacer y el ser, la ideología y la práctica, la religión institucionalizada y la espiritualidad, etcétera.

El mundo empresarial es asimismo una manifestación de la desconexión de la gente con respecto al corazón, en el que se cree que la manipulación es la vía para conseguir lo que se quiere y, por tanto, el sistema para alcanzar el éxito. Se suele utilizar la excusa de que «todos lo hacen». Si un niño aprende en casa que no todo el mundo lo hace, las cosas pueden comenzar a cambiar. El ámbito empresarial celebra incluso el cruel enfoque de pisar a los demás, apuñalarlos por la espalda o trepar hasta lo más alto a costa de los colegas, comportamiento que refleja incapacidad para conectar y preocuparse del prójimo.

Los individuos como Bernie Madoff roban adrede los ahorros de las personas porque las deshumanizan. Un grupo de hombres violan a una atractiva muchacha en un autobús de Nueva Delhi, India, y la golpean con una barra de hierro hasta matarla... y los transeúntes miran boquiabiertos, sin hacer nada, pues están desconectados y desamparados. Unos futbolistas se aprovechan de una chica borracha en Ohio y la violan, pues al no valorarse a sí mismos son incapaces de valorarla a ella. Todo esto se resume en una ausencia de empatía cuyo origen es la deshumanización derivada de unos sentimientos del niño que han sido pisoteados y unas necesidades que no han sido satisfechas.

> Si queremos acabar con el acoso, hay que dirigir toda la atención a la relación entre los padres y el hijo.

Las guerras, el acoso, las luchas religiosas intestinas... todas estas expresiones de hostilidad se reducen a la falsa impresión de que existe una separación entre nosotros y los demás. Esto se traduce en la creencia de que el otro está contra nosotros. Como es muy lógico, nos sentimos amenazados y experimentamos la necesidad de repeler el ataque.

La triste verdad es que todas las personas que acosan o de alguna manera tratan injustamente a otro ser humano son también víctimas. Cualquiera que acose a otro estaba, en cierto modo, programado para sentirse mal, inaceptable. Estos niños descargan sus sentimientos de odio hacia sí mismos en individuos que, a priori, dan la sensación de que no se defenderán.

Si queremos acabar con el acoso, hay que dirigir toda la atención a la relación entre los padres y el hijo. Los programas de intervención en la escuela solo pueden abordar este complejo problema en un nivel superficial, pero el mal tiene unas raíces mucho más profundas. La intervención ha de empezar en la familia y a una edad temprana, para que los niños aprendan a defenderse por sí solos. Si un niño es respetado como el individuo único que es, no siente la necesidad de hacerse valer de una forma malsana. Todo acaba reduciéndose al derecho de cada individuo a existir tal como es en sí mismo, lo cual crea la atmósfera en la que vive su vida y desde la que se relaciona con los demás.

23

El problema de la rivalidad entre hermanos y los niños que no se llevan bien con otros niños

El acoso no solo se produce en sitios como la escuela, sino también en casa, entre hermanos. La rivalidad entre hermanos parece ser tan antigua como la conciencia humana, hasta el punto de que se remonta al mismo origen de la especie. La base de la cultura occidental, la Biblia, comienza precisamente con una historia de rivalidad entre hermanos que marca la pauta de una larga epopeya en la que los hermanos se pelean: Caín y Abel, Abraham y Lot, Isaac e Ismael, Jacob y Esaú, y otros muchos que sería muy largo enumerar.

¿Cómo deben manejar los padres la rivalidad entre hermanos? Depende de la causa de la disputa; cada situación es diferente. Tras la rivalidad entre hermanos hay un deseo de atraer la atención de los padres. En el fondo, el enfrentamiento entre hermanos es una lucha por la atención parental. La cooperación entre hermanos surge cuando cada niño se siente observado y validado por sus padres. Si uno empieza a notar que el otro está siendo favorecido, las cosas acaban mal. Sin embargo, si los padres son capaces de infundir en cada hijo la sensación de que está siendo tratado con justicia y respeto, los niños no se ven mutuamente como rivales sino como aliados.

> En el fondo, el enfrentamiento entre hermanos es una lucha por la atención parental. La cooperación entre hermanos surge cuando cada niño se siente observado y validado por sus padres.

En un caso que viví en mi consulta, Bob y Josh —dos hermanos que se llevaban tres años— se peleaban a diario en casa, atacándose el uno al otro sin piedad. Bob, el mayor, tenía asignado el papel de «malo», pues los padres creían que debía tener más sentido común y no pegar a su hermano. Consideraban que había de protegerlo. Sin embargo, la situación no mejoraba por más razonamientos, restricciones o incluso castigos corporales que hubiera. Al contrario; el comportamiento de Bob era cada día peor.

Cuando los padres acudieron a mí en busca de ayuda, sugerí que, en lo sucesivo, al menos en la terapia, alentaran a Bob a compartir con ellos todos sus sentimientos hacia Josh, por feos que fueran. Yo quería que vieran que, cuanto más se expresara Bob ante ellos, mejor se comportaría con su hermano. Durante siete semanas acudieron a terapia solo Bob y los padres. En cada sesión, yo invitaba a Bob a que se quejara de su hermano. Le permitía que asesinara verbalmente a Josh, calumniándolo sin límites, si bien de vez en cuando yo intervenía: «Qué fastidio, ¿eh?», o «Vaya, está difícil la cosa». Nunca nos pusimos de su parte ni en su contra. El objetivo era que se enfrentara a sus sentimientos, que validara su percepción de la realidad. En cuanto Bob empezó a percibir que sus padres se fijaban en él y que recibía toda su atención, también fue dejando a un lado la rivalidad con su hermano y a centrarse en lo que le pasaba por dentro.

Al cabo de siete semanas, ocurrió algo milagroso: el centro de atención pasó de Josh al mundo interior de Bob, mientras este explicaba su sensación de que no era tan bueno como sus compañeros, no era inteligente y no resultaba atractivo para las chicas. Lo que se había disimulado como agresividad hacia el hermano se revelaba como una bajísima autoestima. A medida que sus padres le fueron permitiendo expresar sus sentimientos sin reservas ni restricciones, dejó de tener la necesidad de ponerse furioso con su hermano.

Finalmente, quedaba claro que Bob, quien había sido considerado el chico «malo», era cualquier cosa menos intrínsecamente «malo». En realidad, si hablamos de estilos parentales, las evaluaciones «bueno» o «malo» sirven de poco. Calificar a alguien así solo significa que una conducta o bien concuerda con nuestra película de cómo debería ser la vida, o bien la contradice. Este tipo de calificaciones no hace más que agravar problemas como la rivalidad entre hermanos. Lo que hay que hacer es considerar que todas las conductas tienen una explicación y estudiarlas en función de su significado.

Si un niño pequeño pega a su hermana, la reacción natural de los padres es decir: «Mal hecho. No pegues.» Si los golpes continúan, el niño recibe una zurra o es castigado de alguna otra manera para que aprenda «a no pegar». Si aun así el problema no se resuelve, los padres enseguida empiezan a etiquetar a uno de los niños como «bueno» y al otro como «malo», o al menos «difícil». «¿Por qué no puedes ser bueno como tu hermana?», exigen los frustrados padres.

Cada vez que vemos en los hijos un comportamiento extremo como la crueldad, eso nos provoca un rechazo natural. Si hay hermanos implicados, automáticamente nos ponemos del lado de la víctima. A renglón seguido, el niño agresivo asume en nuestra mente el papel de culpable... y esto puede pasar de forma tan sutil que acaso ni siquiera seamos conscientes de que hemos alterado nuestra actitud hacia ese niño. Comenzamos a tratarlo de otra manera, juzgándolo sin darnos cuenta, retirándole un poco de afecto, y por tanto ahogando la conexión que precisamente necesita más que el otro.

En otras palabras, de forma inconsciente acabamos reenviando al niño su propia hostilidad, con lo que lo maltratamos del mismo modo que nos hemos sentido maltratados por él.

Al final, los calificativos de «difícil», «malo», «antisocial» o incluso «malvado» solo provocan aversión hacia el niño. Estos calificativos son incapacitantes. En vez de criticar al chico por pegar a su hermana, ya no digamos descalificarlo, mi enfoque pasa por buscar el mensaje que transmiten los golpes, porque siempre hay uno. Es clave que los padres sepan descifrar qué se esconde tras los golpes.

Esto no significa que permitamos al niño pegar a su hermana, todo lo contrario; lo que le decimos es que deje de pegar y, en el caso de que sea muy pequeño, si hace falta lo cogemos y mantenemos aferrado a nuestro cuerpo para que pare. Al hacer esto, fomentamos la conexión en vez de provocar la separación. En cuanto hemos establecido conexión, podemos pasar a abordar el significado de los golpes. Como los niños son en esencia buenos, si vemos que uno pega a otro, debería suscitar en nosotros una respuesta empática como: «Si tiene la necesidad de golpear, es que debe de sentir mucho dolor.»

Este fue el meollo de una reciente sesión con Andy y su hijo James, de cuatro años, que cada dos por tres se veía metido en alguna pelea en la escuela. Aunque las exclusiones y las reuniones con los padres estaban al orden del día, los golpes siguieron hasta el punto de que Andy estaba desesperado. En casa había intentado todos los castigos y recompensas habidos y por haber.

Para mí, el primer paso era conectar con James, crear un ambiente en el que se sintiera seguro y, por tanto, libre para expresar lo que quisiera. A medida que fue avanzando la terapia, resultó que al lado de los otros niños de su clase se sentía estúpido y feo. «Se ríen de mí —me confió—. Me llaman "gordito" y dicen que soy raro.» Como consecuencia de ello, era excluido de las actividades de grupo y se pasaba mucho tiempo jugando solo. En las escasas ocasiones en que interaccionaba con otros niños, su confusión respecto a aquel trato injusto se manifestaba pegando.

Andy acabó entendiendo que su simplista calificación de la conducta de James como «mala» pasaba por alto lo más importante. Si hubiera comprendido la razón de los golpes, habría visto la lógica que se escondía tras las acciones de su hijo y que este estaba tratando de comunicar algo fundamental para él. De haber tenido fe en su hijo, Andy habría sabido que si James golpeaba a los demás chicos era porque pasaba algo muy grave. Su reacción ante los golpes había estado impulsada por el miedo, no por la fe en James.

Como en el caso de Bob que he mencionado antes, tan pronto como descubrimos lo que le pasaba realmente a James, el foco de atención pasó de las peleas a cómo se sentía consigo mismo. De acuerdo, el chico estaba un poco regordete, lo cual invitaba a las burlas. Con todo, este no era el verdadero problema. En el origen de la actitud de los otros niños hacia él había una falta de confianza por parte de James. Incapaz de alcanzar un nivel adecuado de reafirmación personal en forma de presencia firme, James recurría a los golpes para hacerse valer. Pegaba para sentirse fuerte. Por decirlo con términos adultos, de hecho estaba diciendo: «No me dejéis de lado. Soy válido; soy importante.»

Esto acaso sorprenda, pero entonces expliqué a Andy que la agresividad de su hijo no constituía conducta «mala» sino «buena». Y a continuación pasé a redefinir la conducta «buena» y la «mala» de acuerdo con la *intención* que había tras ellas. Contrariamente al modo general de entender el término, «buena conducta» no se refiere a la idea convencional de lo «bueno», con el significado de dócil, obediente y con la aprobación de los demás. El buen comportamiento permite a un niño sentirse presente, autoexpresivo e implicado en sus propias experiencias. Un niño que llora de verdad, ríe de modo incontrolable, sueña sin parar, crea con regocijo, habla con libertad y siente a fondo está mostrando una buena conducta.

Así pues, «buena conducta» no tiene tanto que ver con lo que parece la conducta en un nivel normativo o en comparación con el modo de actuar de los otros: la buena conducta es la que desempeña un papel decisivo en la labor de ayudar al niño a sintonizarse consigo mismo.

Si el comportamiento de un niño parece «bueno», por ejemplo, si saca sobresalientes y es sistemáticamente el primero de la clase, pero sufre dolor de estómago, no duerme bien debido a la ansiedad o está siempre de mal humor por lo mucho que le cuesta estudiar, en realidad su conducta no es buena sino mala, pues le priva de un sentido de su integridad esencial, cargándolo de requisitos basados en el miedo, agobiándolo con un estrés que no necesita para nada.

En otras palabras, la sociedad entiende la conducta «buena» y «mala» exactamente al revés. Al contrario de la idea convencional, una conducta es mala si oculta el auténtico yo del niño, lo que le lleva a adoptar un personaje falso. Desde este punto de vista, poner los ojos en blanco no se considera malo porque sea «irrespetuoso». En vez de empujar a los padres a imponer disciplina al chico, los ojos en blanco deberían alertarles sobre la posibilidad de que el hijo esté viéndose forzado a ser un impostor. Poner los ojos en blanco puede ser útil si los padres están sintonizados con el niño, pues revela lo que está pasando en el nivel interior.

Si dejamos de clasificar las conductas y procuramos entenderlas, nos damos cuenta de que el resultado es la armonía, no el caos. Como los niños se sienten libres para ser fieles a su yo esencial en lugar de ajustarse a nuestra película de cómo debería ser su vida, el sentido de su valía rebosa de creatividad. Como confiamos en ellos, ellos confían en sí mismos y tienen la confianza necesaria para contribuir desde su riqueza interna. Qué diferente sería este mundo si todos los niños se sintieran así consigo mismos: disminuiría muchísimo la confusión provocada por el enfoque disciplinario que se ha practicado a lo largo de miles de años. Solo si vemos falta de bondad en el núcleo de la realidad nos decimos a nosotros mismos que puede sobrevenir el caos si las personas siguen el planteamiento que estoy defendiendo.

Puede haber otras razones ocultas por las que el niño no funcione bien ni siquiera dentro de la familia. Por ejemplo, Mary y Jacob eran unos padres fantásticos, pero estaban forcejeando para controlar los arrebatos explosivos, impulsivos y tiránicos de su hijo, que aterrorizaba a sus hermanos, tenía rabietas a diario y en la escuela se metía en líos: estaba volviéndose ingobernable. Nada de lo que hacían los padres parecía surtir efecto. Lógicos y pacientes por naturaleza, intentaron razonar con él, explicarle las consecuencias de su conducta, complacerle de mil maneras. Aunque habían hecho «todas las cosas correctas» según los libros de estilo parentales, empezaban a perder la esperanza, por no hablar de que estaban entrando en una espiral descendente en la que el hijo transmitía resentimiento y les manifestaba no solo enojo sino incluso odio puro y duro.

La situación comenzó a cambiar solo cuando Mary y Jacob comprendieron que, pese a su calma exterior, cerca del hijo se ponían inconscientemente tensos. Cada vez que interaccionaban con él, se indignaban y se colocaban a la defensiva. Aunque sin duda le querían, las propias palabras que utilizaban para hablar con el niño contradecían los sentimientos que este les provocaba. Esto se puso de manifiesto en la forma en que lo describieron: «Ha perdido el control. Está insoportable. Lo hace todo adrede. Estamos asqueados y hartos.» En estas situaciones, incluso los mejores padres se sienten agobiados.

Estos padres acabaron viendo que su hijo no estaba comportándose de una manera deliberadamente vengativa. En realidad, lo que pasaba es que la función ejecutiva del cerebro del niño —la parte que incluye la capacidad para gestionar el tiempo, prestar atención, poner el foco en otra cosa, organizar y planificar, recordar detalles, refrenar la lengua y la conducta, etcétera— parecía hasta cierto punto debilitada, lo que se traducía en incapacidad para demorar gratificaciones y controlar impulsos. Entender esto generó empatía en Mary y Jacob, lo que abrió la posibilidad de un diálogo diferente centrado en la clase de ayuda que necesitaba el niño, no en lo mucho que les afligía su conducta.

Lo que vemos en el caso de Mary y Jacob es un círculo vicioso en el que el niño cada vez encarna más la energía hostil, incluso marginadora, de sus padres y cuidadores. Debido a que estos ignoraban que se trataba de un problema de carácter orgánico, el comportamiento del niño había llegado a ser algo personal, lo que llevó a perpetuar sus tendencias antisociales en vez de procurar el tipo de intervención que él pedía a gritos. A menudo no nos damos cuenta de lo pronto que empieza este ciclo en la vida de un niño. Se produce de manera inconsciente, y así se crean todas las condiciones que a la larga llevarán al niño a ser expulsado de la escuela, a volverse drogadicto o incluso criminal, a acabar quizás en el corredor de la muerte.

¿Cómo pueden los padres identificar síntomas de una conducta problemática, observarla directamente sin negarla y tomar medidas lo antes posible para evitar una catástrofe, todo sin caer en la trampa de las etiquetas, ni por tanto iniciar el ostracismo del que surge el marginado social que puede incluso matar a tiros a alumnos y profesores de su escuela?

Los padres han de entender que la red neural de cada niño está programada de forma individual y en algunos casos no funciona de manera adecuada. La clave está en captar todo esto pronto, pues estos niños precisan una intervención social, emocional e intelectual distinta de la de otros niños, y en muchos casos una intervención *profesional* cuidadosamente seleccionada.*

Entre los síntomas de mal funcionamiento ejecutivo se incluyen la desorganización, los colapsos emocionales por problemas aparentemente nimios y cierto deseo de adoptar conductas peligrosas o arriesgadas. En la primera infancia suelen apreciarse indicios de estos síntomas, aunque es fácil que los padres los pasen por alto. No obstante, cuando aumenta el volumen de trabajo escolar, los síntomas se recrudecen.

Los niños han de afrontar estos problemas de una forma preventiva. Si los síntomas se pasan por alto o no se interpretan bien, se les suele etiquetar y juzgar, lo que reduce su sentido de valía personal. Esto, a medida que va pasando el tiempo, da origen a un comportamiento aún más problemático. Ayudarles desde el principio contribuye a compensar los problemas de las redes neurales, mitigar cualquier déficit e incluso a hacer que el cerebro se reprograme a sí mismo de una manera más beneficiosa.

* En la página 275 aparece una lista de recursos.

24

La letra no entra con sangre

Más de una vez los padres me han asegurado que su hijo —o alguno de sus hijos— es lisa y llanamente «malo». Estos padres me dicen que hablar de sentimientos para ayudar a que un niño así conecte con lo que subyace a sus arrebatos es inútil. Como el niño es tan «malo», afirman, para controlar su carácter lo único que surte efecto es la disciplina estricta.

Hay niños a quienes efectivamente les cuesta refrenar sus impulsos alocados, y por lo visto algunos no conectan con sus sentimientos, al margen de lo que hagan los padres para ayudarles a centrarse. A estos padres les explico que, aunque me identifico con lo que están experimentando, calificar al hijo de «malo» y recurrir luego a la disciplina solo empeora la situación y solo aumenta la propensión del niño a comportarse mal.

Si los niños se muestran violentos a una edad temprana —llegando al extremo de torturar animales y lanzar ataques despiadados no solo contra sus hermanos sino también contra los padres—, no es de extrañar que algunos investigadores insistan en que algunos han llegado al mundo inclinados a la desobediencia, la rebeldía, la conducta antisocial y potencialmente al crimen. Sin embargo, yo no acepto que haya seres humanos programados para descarriarse desde la concepción, más bien al contrario. Con muchos de mis pacientes he observado de primera mano que en el origen de estas conductas suele estar la imposición de disciplina.

Analicemos lo que pasa a veces en sociedades en las que se utiliza la disciplina estricta para educar a sus ciudadanos. El macrocosmos es un simple reflejo del microcosmos, de modo que lo que pasa en casa se representa a gran escala en los conflictos nacionales e internacionales.

Como ejemplo de lo que estoy diciendo, la psicóloga suiza Alice Miller, en su brillante estudio del Tercer Reich titulado *Por tu propio bien: raíces de la violencia en la educación del niño,* explica cómo Hitler y sus secuaces eran producto de una disciplina parental estricta. Según ciertas investigaciones, el estilo parental muy riguroso subyace en las barbaries de la limpieza étnica en Serbia y Croacia perpetradas durante las guerras balcánicas de la década de 1990. No tengo ninguna duda de que el enfoque disciplinario que muchas sociedades han aplicado desde tiempo inmemorial es una buena explicación de por qué el mundo es un lugar tan inseguro y en buena medida insensato.

Aunque hemos comprobado que la disciplina puede dar lugar a resultados tóxicos, algunos padres se aferran a la filosofía disciplinaria y se muestran orgullosos de ello. Como ejemplo, en febrero de 2013 el ministro de Justicia británico declaró públicamente que había azotado a sus hijos cuando eran pequeños diciendo que los azotes a veces «envían un mensaje». Defendía también el derecho de los padres a pegar a los niños. Y ello pese a las abundantes y publicitadas investigaciones según las cuales dar azotes tiene consecuencias negativas a largo plazo.

En respuesta a la declaración del ministro, una portavoz de la Sociedad Nacional para la Prevención de la Crueldad con los Niños comentó: «Aunque en la actualidad se permite a los padres azotar a sus hijos, siguen acumulándose pruebas de que esto es ineficaz y perjudicial.»

Por desgracia, muchas familias —incluso escuelas— de todo el mundo siguen considerando que las zurras son una herramienta disciplinaria. Nos negamos a corregir la forma de tratar a los niños aun sabiendo los tóxicos resultados de esta violencia. Esto se debe sobre todo a que, pese a los mayores conocimientos sobre nuestra constitución como seres humanos, miles de millones de personas del planeta todavía creen que, como especie, tendemos a descarriarnos a menos que recibamos constantes correcciones del rumbo en forma de disciplina estricta. Así pues, durante generaciones la sociedad ha suscrito la idea de que «la letra con sangre entra». Los azotes y otras clases de castigo se consideran buenos para el niño porque son «correctivos».

Algunas personas justifican este enfoque al atribuirlo a la Biblia. Aunque en la Biblia no encontramos lo de «la letra con sangre entra», sí hay en efecto afirmaciones similares. En todo caso, la expresión exacta de «la letra con sangre entra» aparece en un poema de Samuel Butler titulado «Hudibras» (*spare the rod, spoil the child*), de 1662, en plena Guerra Civil Inglesa. El concepto de «la letra con sangre entra» también se había manifestado tres siglos antes, en 1377, por William Langland.

Si acudimos a la Biblia, concretamente al libro de los Proverbios, encontramos declaraciones como esta: «Quien no usa la vara no ama a su hijo; quien lo ama se apresura a corregirlo.»* En el Nuevo Testamento, leemos también que Dios «corrige a quien ama».

Si creemos de veras que los azotes son efectivos, a ver cómo explicamos por qué el mundo ha producido disfunciones en una generación tras otra, lo que ha dado como conse-

* Proverbios 13:24.

cuencia un dolor personal enorme, miembros de una familia suicidándose o matándose unos a otros, tiroteos masivos como los de Columbine y Sandy Hook, e incluso conflictos globales como la Segunda Guerra Mundial, que provocó la muerte de cincuenta millones de personas. Todas estas situaciones se produjeron en sociedades que practicaban la «disciplina».

Es importante entender que la afirmación «la letra con sangre entra» procede de una época arcaica en que se sabía poco de la psique humana. Las declaraciones habitualmente atribuidas al «sabio rey Salomón» de que un niño ha de ser golpeado con una vara deberían hacernos reflexionar cuando nos enteramos de que su hijo oprimió tanto a su pueblo que mucha gente al final se rebeló y dividió el reino en dos. El «sabio» rey Salomón debería ser juzgado también por los resultados de su estricto enfoque disciplinario como padre: a todas luces fracasó, como ocurre con toda disciplina, según mi experiencia clínica.

No solo las culturas basadas en la Biblia creen que «la letra con sangre entra», sino también casi todas las que tienen jerarquías rígidas. En muchas culturas basadas en una filosofía parecida se impone fácilmente el castigo corporal.

Quiero subrayar que la conducta de un niño siempre tiene sentido. La tarea crucial es descubrir su significado. Si la sociedad aparcara definitivamente la idea de que algunos niños son intrínsecamente malos, podríamos empezar a crear sistemas sociales que acaso nos permitieran comprender y ayudar a los niños que, por la razón que sea, progresan con dificultad. Por desgracia, ahora mismo la ayuda necesaria es en gran medida inexistente.

Pongo un ejemplo. Tras la masacre de Sandy Hook Elementary, en Connecticut, varios padres escribieron en Facebook que sus hijos estaban exhibiendo la misma conducta descrita por individuos que conocían a Adam Lanza, el autor de los disparos. Aunque muchos criticaron a esos padres por pintar a sus hijos así, yo respeto su buena disposición a reconocer la conducta extrema de los niños junto al hecho de que, como padres, estaban desesperados y no disponían de pistas sobre cómo afrontar lo que aparecía ante sus propios ojos. Admiro en especial a los padres que asumen su responsabilidad admitiendo que «me estoy equivocando en algo», como ha pasado con varios de mis pacientes. Estos padres aceptan que el nivel de intervención que necesita su hijo exige unas destrezas que ellos no poseen.

La sociedad en su conjunto debe reconocer que ha de producirse un cambio cultural de tal modo que cualquier nivel de ayuda que se requiera no se considere un signo de debilidad, lo cual provoca vergüenza o una llamada automática a los servicios de protección infantil. Sacar al niño de la casa, detenerlo (y así criminalizarlo) o recluirlo en un pabellón psiquiátrico no debería ser el único recurso. Hacen falta urgentemente intervenciones intermedias.

Estamos hablando de un gran número de niños que se sitúan en la zona gris, no de los que necesitan atención psiquiátrica o se han convertido en delincuentes. Una razón por la que muchos padres de niños necesitados de ayuda no la piden es su sensación de que los habitantes de esta zona gris necesitan algo que no es fácil de conseguir. Por tanto, el apoyo al bienestar mental ha de llegar a ser una prioridad para el conjunto de la sociedad.

Otra explicación de por qué los padres no buscan ayuda profesional es que, si hablamos de nuestras limitaciones, la familia y los amigos suelen criticarnos. Por lo general, como cultura no nos gusta admitir lo exigente que puede resultar la labor parental, por lo que oponemos resistencia a la idea de la ayuda domiciliaria de un cuidador con formación terapéutica que procure a los padres un respiro. En el ámbito de la comunidad, en vez de tratarnos unos a otros de forma sentenciosa, hemos de respaldarnos mutuamente en nuestros defectos y limitaciones.

Cuando una mujer colgó en Facebook un artículo titulado «Soy la madre de Adam Lanza», en el que explicaba las trifulcas que tenía con su hijo, no estaba diciendo que fuera literalmente la madre de Adam Lanza, sino que más bien intentaba transmitir la sensación de impotencia que experimentaba al no obtener la intervención necesaria para su hijo. Al final pensó que no le quedaba más remedio que dejarlo en la comisaría de policía. Fue objeto de muchas críticas, pero el incidente plantea la cuestión de qué redes de seguridad existen para una madre así. ¿Adónde acudirá a pedir ayuda alguien como ella?

Uno de mis pacientes tenía un hijo de veinticuatro años que llevaba a toda la familia de cabeza con sus arrebatos agresivos y sus amenazas violentas. Los padres intentaron conseguirle ayuda, pero al tratarse de un adulto había ciertas limitaciones. Los hospitales psiquiátricos lo dejaban libre en veinticuatro horas porque él lograba convencerles de que era «normal». Cuando los padres llamaban a la policía a casa, los agentes explicaban que no podían hacer nada a menos que se presentara una denuncia. Como no querían hacer esto, los padres se sentían impotentes. Esto pone de relieve lo anómala que puede ser nuestra cultura en lo referente a procurar a los niños el cuidado cualificado que precisan.

Como hemos visto antes, nuestros sistemas educativos apelan sobre todo a la cabeza, no al corazón. Aunque en un nivel superficial hablamos de

> Hemos de preguntarnos esto: «¿Es más importante que mi hijo aprenda álgebra o que aprenda a estar plenamente presente en todo momento y a relacionarse con sus compañeros de clase de una manera afectuosa y comprensiva?»

conducta social en las escuelas, y en algunos centros educativos hay consejeros, en la mayoría de los casos el personal docente no está preparado ni estimulado para afrontar lo que pasa en la psique de un niño. Sin embargo, como ha señalado el divulgador científico del *New York Times* Daniel Goleman en su libro de referencia *Inteligencia emocional*, para alcanzar el éxito el CE (coeficiente emocional) de un niño es, en última instancia, más importante que el CI (coeficiente de inteligencia). No obstante, casi siempre se aplica toda la atención —tanto los padres que quieren que su hijo saque buenas notas como los profesores o el currículum— en el CI.

Si desplazamos el foco desde el CI al CE, las escuelas pueden llegar a ser un eficaz complemento de la casa. En vez de seguir un plan de estudios que haga hincapié en los puntos débiles y fomente la competitividad, los niños estarían plenamente inmersos en una formación social y emocional en la que aprenderían a regular sus sentimientos y a expresarlos de manera sana. Aparte de adquirir destrezas básicas como el lenguaje y los conocimientos generales necesarios para funcionar en la sociedad, la jornada escolar de los niños se centraría en su desarrollo global como personas y no en la asimilación mecánica de información... información que, en su mayor parte, se puede aprender rápidamente en cualquier momento si la persona la necesita para alguna carrera profesional.

Deberíamos preguntarnos esto: «¿Es más importante que mi hijo aprenda álgebra o que aprenda a estar plenamente presente en todo momento y a relacionarse con sus compañeros de clase de una manera afectuosa y comprensiva?» Ojalá llegue el día en que el contenido de libros como *Un nuevo mundo, ahora* o *El poder del ahora: un camino hacia la realización espiritual*, de Eckhart Tolle, sean un elemento fundamental del currículo escolar, y en que los alumnos se impliquen en la gestión de las emociones más que en las pruebas mecánicas. También espero ver a los padres reunirse y hablar regularmente de los problemas de sus hijos con un terapeuta formado en los principios perfilados en mi libro *Padres conscientes* que esté presente para supervisar la discusión. Aún tardaremos mucho en acabar con la violencia sin sentido que hay en el mundo, sea el acoso en el patio, los abusos en las relaciones, la criminalidad o los conflictos internacionales.

25

La razón oculta por la que imponemos disciplina

Un niño contraviene nuestros deseos. Nos enfadamos. «¿Por qué no puede hacer lo que se le dice? —nos preguntamos—. ¿Por qué siempre tiene que desobedecer?» Lo más probable es que le impongamos disciplina para que entre en vereda.

A primera vista, desde luego parece que los hijos nos desobedecen. Pero ¿qué pasa realmente?

Cuando mi hija bajó las escaleras luciendo uno de sus viejos vestidos en vez del nuevo que le había comprado para la fiesta de cumpleaños a la que íbamos, me lo tomé como algo personal. Yo estaba convencida de que ella sabía que su mamá había empleado mucho tiempo en comprarle un vestido bonito para la ocasión. ¿Por qué no se había puesto el vestido que yo quería que se pusiera? Aquello me disgustó. Ella me había hecho eso a *mí*.

En una situación así damos por supuesto que el deseo del niño de dirigirse a sí mismo es una intención rebelde de hacer las cosas de modo distinto al que *nosotros* queremos que se hagan. Sin embargo, si preguntásemos amablemente por sus razones, muchas veces descubriríamos que ellos son del todo inocentes y piensan bien lo que hacen. ¿Por qué no puede ser que, simplemente, el niño esté expresando sus deseos, por otra parte tan válidos como los nuestros?

Cuando mi hija se vistió de una forma distinta a como yo tenía pensado, ni se me pasó por la cabeza que su elección de vestido tuviera nada que ver conmigo. Ella simplemente se había puesto algo que le gustaba y que encajaba con su estado de ánimo. *Yo no pintaba nada.* Al meterme en la escena, convertí una acción benigna de mi hija en un enfrentamiento.

Si creemos que lo más beneficioso para el hijo es lo que nosotros queremos que haga, seguramente lo manipularemos para que obedezca. Por ejemplo, interviene la manipulación cuando una madre dice a su hija: «Mamá está muy contenta cuando te oye practicar con el violín.» También es la manipulación lo que empuja a papá a decir: «Hijo, me siento muy orgulloso de ti cuando te veo en el campo de fútbol.»

Cuando manipulamos así a los niños, hacemos que se sientan responsables de nuestros sentimientos. Ahora ya no se trata del vestido de la fiesta, el violín o el campo de fútbol, sino de hacer que papá y mamá estén orgullosos. Si se sienten inclinados a vestirse como les apetece o a abandonar actividades de las que estamos orgullosos, tendrán problemas. Si siguen su propia curva de crecimiento, que choca con nuestros deseos para ellos, probablemente tendrán miedo de responder siguiendo sus genuinos sentimientos. Además, quizá lleguen a sentirse culpables de que sus padres estén tristes. De esta manera, su verdadero yo se atrofia, razón por la cual recurren al mal comportamiento característico de un yo falso.

Aunque el aspecto físico de los hijos no tiene nada que ver con un vestido de fiesta, muchos creemos que esto también pone de manifiesto nuestras cualidades. Queremos que el aspecto de los hijos sea un tanto a nuestro favor. A menudo los niños sufren acoso debido a su aspecto, como en el caso de los gorditos. A unos padres cuya identidad esté basada en el hijo, esto puede hacerles perder la cabeza y contratar a un nutricionista o un entrenador personal, o recurrir incluso a procedimientos quirúrgicos. Aunque en apariencia su decisión no es punitiva, el mensaje subyacente que transmiten estos padres es gravemente sentencioso. «No eres lo bastante bueno —aprende el niño—, por eso hay que arreglarte. Yo te arreglaré.» Este «arreglo» es una forma de disciplina. «Arreglar» a un niño a causa de la imagen es básicamente distinto de estimular en él hábitos alimentarios sanos y el ejercicio físico adecuado.

En el caso del vestido de la fiesta, ¿de dónde procedía la sensación de que me quitaban poder? Sin duda, mi sentimiento tenía su origen no en las acciones de mi hija, sino en mi propia niñez. En otro tiempo yo fui la niña que quería ponerse un vestido de su elección y tuvo que llevar el que sus padres consideraron más adecuado. El vestido es solo un símbolo, desde luego. A los cuatro años fue el vestido, a los nueve el examen de piano que querían que yo hiciera, y a los diecinueve el novio que yo escogía. Así es como acabamos reproduciendo el modo en que fuimos educados.

El hecho de que repitamos patrones aprendidos en la niñez no lo es todo, pues no explica por qué cuestiones como la imagen de los niños, las notas, la aceptación en el equipo de animadoras o de fútbol y otras «señales de nuestro éxito como padres» remueven en nosotros sensaciones tan fuertes. ¿Por qué tienen tanta carga emocional?

Cuando analicé qué estaba impulsando realmente mi necesidad de hacer que la niña se ajustara a mis deseos, descubrí que se originaba en un sentimiento «de vacío» que afloraba cada vez que ella no obedecía. Como el sentimiento persistía a lo largo de las diferentes fases del desarrollo de Maia y no desaparecía, empecé a preguntarme: «¿Con qué guarda relación esta sensación?»

Tardé un tiempo, pero acabé entendiendo que cada vez

que Maia ponía en entredicho la imagen de mí misma como cierta clase de madre, me sentía expuesta al hecho de que *mi propio* yo auténtico había sido aplastado en mi niñez. Era la imposibilidad de acceder a mi propio yo verdadero lo que originaba la necesidad de que mi hija me proporcionara un sucedáneo de yo, una imagen de mí misma que correspondiera con una clase muy concreta de madre.

Fue una verdadera sorpresa descubrir que siempre que mi agenda se veía amenazada, me sentía perdida. Sin mi agenda, era como si yo no fuera nadie. El abrumador vacío que experimentaba me provocaba un nivel de ansiedad que se volvía insoportable.

Cuando estamos ansiosos pero no tenemos ni idea de por qué, una de las maneras en que afrontamos lo que sentimos es proyectándolo hacia fuera. Y entonces los hijos suelen ser los destinatarios de nuestro miedo subyacente. Tememos por su bienestar, por su seguridad, por su futuro; por consiguiente, les imponemos disciplina para mantenerlos bajo nuestro control «seguro». El miedo sustenta buena parte de la forma en que interaccionamos con los hijos y suele ser la verdadera razón por la que les imponemos normas.

Justificamos nuestro miedo diciéndonos a nosotros mismos que «queremos mucho a los hijos», naturalmente. Pero no creo que para querer a alguien tengamos que temer por él. Es más bien al revés: el miedo por *nuestro* bienestar y seguridad es lo que nos lleva a temer por los hijos. Tenemos miedo de que, si el otro no se comporta con arreglo a nuestro guion, vayamos a estar privados de plenitud o de una sensación de paz. Este sentido de carencia, arraigado en el sentimiento de vacío dejado por el yo auténtico aplastado, se confunde con el amor. Si no somos capaces de percibir la diferencia entre el amor y la necesidad de que los hijos alivien esa sensación de carencia, la conexión con ellos se verá enturbiada.

Supongo que a estas alturas está claro que, en esencia, la

disciplina transmite lo siguiente: «¿Cómo te atreves a hacerme sentir incompetente? Como ahora estoy descontrolado, te enseñaré quién tiene realmente el control.»

En otras palabras, casi todo el mundo cree que los padres castigan a los hijos porque se portan mal, y a primera vista eso parece. Lo que digo yo es que la verdadera razón es otra, tanto es así que he llegado a convencerme de que casi nunca castigamos a los hijos por su mala conducta, sino por el hecho de *hacernos sentir incompetentes*, lo que nos lleva a ser conscientes de las carencias de nuestra vida, de que nuestro yo real está de algún modo «desaparecido».

Llegar a comprender que en realidad la disciplina es solo una muleta para los padres que se sienten impotentes al enfrentarse a sus propias ineptitudes es *una revolución en toda regla.*

En cuanto comprendí que el método disciplinario que usaba con mi hija partía del método que habían utilizado mis padres conmigo, me sentí enojada con ellos, desde luego. Sin embargo, entendí también que el estado maltrecho de nuestro yo real no es culpa de los padres, pues su yo auténtico también se vio perjudicado por progenitores que actuaron de la misma forma, y así hasta muchas generaciones atrás. Por eso el mundo se halla en el triste estado en el que lo vemos, con tanto dolor que provoca comportamientos aún más dañinos, estado que lleva perpetuándose desde tiempo inmemorial. Solo ahora empezamos a ser conscientes de este círculo vicioso causante de que nuestros padres y abuelos nos manipularan así, y de que nosotros ahora hagamos lo propio con nuestros hijos.

Con la percepción de lo

> Llegar a comprender que en realidad la disciplina es solo una muleta para los padres que se sienten impotentes al enfrentarse a sus propias ineptitudes es *una revolución en toda regla.*

que causa realmente la voluntad de imponer disciplina, ahora comenzamos a enfocar la labor parental bajo un prisma totalmente distinto. Como la disciplina tiene que ver con nuestras sensaciones de incompetencia, la principal tarea de la crianza de los hijos consiste en abordar esta ineptitud dentro de nosotros mismos tal como nos la reflejan los hijos. En otras palabras, el centro de atención de la labor parental no es el *hijo*, sino los *padres*. Esto significa que el hecho de llegar a ser padres es una maravillosa oportunidad para hacer renacer lo que la educación recibida anestesió en nosotros.

Si los niños no se avienen a nuestros deseos y, por tanto, experimentamos el dolor del vacío, este hueco resultante de tener el verdadero yo menoscabado solo se puede llenar mediante un renacimiento de nuestro propio ser auténtico, una sensación de nuestra esencia, que, pese a las diversas maneras en que fue atrofiada por nuestra educación, sigue presente en nosotros.

¿Cómo se produce un renacimiento? En vez de arremeter contra el hijo cuando creemos que está desobedeciendo, es mejor afrontar los sentimientos que surgen en nosotros en un momento así. El malestar emocional que experimentamos al hacerlo puede ser insoportable; el truco consiste en permitir que este dolor sea simplemente *tal cual*. No intentamos escapar, disimularlo tras un horario apretado ni eludirlo de ninguna otra manera. No utilizamos al niño para satisfacer nuestros deseos internos. Solo dejamos que los deseos, los anhelos o el vacío existan tal como son.

En este punto ocurre algo extraordinario. Cuando observamos nuestro vacío, permitiéndonos sentir lo doloroso que es, poco a poco somos conscientes de que lo que parece un pozo sin fondo sí tiene fondo; bajo el vacío y el dolor que provoca se halla nuestro maltrecho yo auténtico. Y si profundizamos lo suficiente, experimentamos este yo auténtico, que empieza a cobrar vida, llenando el vacío que sentimos cada vez que los hijos nos roban la imagen que obtenemos de su aspecto, su inteligencia, sus logros, su capacidad para satisfacer expectativas sociales, etcétera.

Cuanto más abordemos así el dolor, en vez de pagarlo con la imposición de la disciplina a los hijos para que se ajusten a nuestra idea de cómo deberían ser, más preservaremos el yo auténtico de los niños y menos necesidad de recuperarse tendrán ellos en el futuro. De este modo, los padres y el hijo colaboran en el crecimiento respectivo centrándose en la unidad y la labor parental en una asociación consciente. Así pues, ser padres es el sistema ideal para nuestro crecimiento, pues podemos completar por nosotros mismos el crecimiento que no fuimos capaces de experimentar cuando éramos niños.

Estamos hablando de la naturaleza simbiótica de la relación padres-hijos. Me refiero a que, en un principio, los niños son parte de nosotros, en el útero y la infancia, cuando hemos de implicarnos a fondo en todas las minucias de su vida, entregándonos a todos los niveles. Sin embargo, incluso cuando estamos totalmente implicados, su bienestar requiere de nosotros que definamos una frontera entre atenderles a ellos y a sus necesidades o utilizarlos para satisfacer nuestras necesidades subconscientes. Esto es lo que también aquí denomino «agenda subconsciente».

Si estamos atrapados en el modo simbiótico «yo soy mi hijo, mi hijo soy yo», cuando la niña se niega a ponerse el vestido que le hemos comprado, lo tomamos como algo personal. O si traen a casa un suspenso, actuamos como si esto reflejara *nuestra* inteligencia. En el caso de las calificaciones, en vez de entender de una forma emocionalmente neutral las razones por las que el hijo suspende los exámenes, hacemos que se sienta culpable o le imponemos disciplina para que parezca que nosotros somos más listos. Toda disciplina deriva de la equivocada idea de que la simbiosis necesaria en el útero y la infancia han de seguir igual en los años de crecimiento y la adolescencia, y, a juicio de algunos padres, sobre todo en ciertas culturas, incluso en la edad adulta. Como los niños nos necesitan en los primeros años, acabamos enganchados a su dependencia.

La infancia de los hijos suele ser la etapa más difícil de superar para los padres, aunque paradójicamente es también la más simbiótica. Para el desarrollo sano de un niño, la relación más temprana *ha de ser* simbiótica, a fin de que los padres y el hijo establezcan un vínculo sólido. Se pide a los padres que lo den todo, con una excepción: su agenda subconsciente, su propio desarrollo emocional inacabado desde la infancia.

Por este motivo la primera infancia es una pesadilla en muchas familias, pues es entonces cuando los niños reivindican su independencia incipiente. ¿Por qué llamamos a este período «los terribles dos años»? Porque amenaza nuestro vínculo en la simbiosis. El niño nos está gritando: «Suéltate. Muévete.» Sin embargo, como esto nos provoca la tremenda ansiedad de no conocer nuestro yo auténtico, soltarnos nos resulta sumamente doloroso.

Está en juego la misma dinámica cuando a los hijos les llega la hora de ir a la universidad y nosotros imponemos condiciones sobre dónde deben presentar la solicitud. Muchísimos adolescentes se me quejan de que no se les ha «permitido» solicitar el ingreso en universidades situadas algo lejos... y como en muchos casos los padres administran el dinero, la manipulación funciona.

Es crucial que liberemos a los hijos de la carga de vivir nuestros sueños por ellos, sueños arraigados en nuestras necesidades, no en las suyas.

El objetivo de la labor parental es amar al hijo con un sentimiento interior de abundancia, lo cual significa que no nos acercamos a ellos con miedo por su bienestar o su éxito. Como nosotros nos sentimos completos, no tenemos necesidad de hacer que se ajusten a una necesidad nuestra. Satisfacemos nuestras *propias* necesidades partiendo del auténtico sentido de nosotros mismos que hemos comenzado a recuperar, lo que nos permite estar con los hijos de la manera que ellos requieren, sin privaciones por nuestra parte. Su aspecto o su desempeño no revelan ninguna cualidad nuestra. Querer que sean felices y prósperos porque así *nosotros* nos sentimos mejor es quedarnos a medio camino.

Es crucial que liberemos a los niños de la carga de vivir nuestros sueños por ellos, sueños arraigados en *nuestras* necesidades, no en las suyas; luego ellos luchan por descubrir su propia voz y su auténtico camino en conversación con la inmediatez de su experiencia, el mejor regalo que podemos hacerle a cualquier niño.

26

El poder de la conexión

Hemos de conectar con los hijos en vez de suponer que hemos de corregirlos en todo momento. Todos los niños anhelan conexión... *no* corrección. Solo quieren sentirse amados por lo que son en su yo auténtico. No ser valorados como lo que son es el origen de todos los comportamientos negativos, los problemas psicológicos y las disfunciones sociales, incluida la criminalidad.

La desconexión grave puede producirse en las cosas más simples. Los niños captan continuamente nuestras vibraciones, y en cuestión de milisegundos se ha fijado el tono de la interacción.

Todos los niños anhelan conexión... *no* **corrección.**

Por ejemplo, en innumerables hogares se produce desconexión cuando un niño se baja del autobús escolar y entra en casa. Antes de haberse desprendido de la mochila, ya tiene encima un aluvión de preguntas: «¿Cómo te ha ido el día? ¿Qué tal el examen? ¿Te ha gustado el almuerzo?» Creyendo que son buenos padres al intentar conectar con el hijo, en unos instantes sin darse cuenta han impuesto al niño sus propias preocupaciones, orientando la conversación en la dirección que quieren ellos.

Lo más probable es que el hijo no esté de humor para informar al «jefe». Cansado de haber tenido que superar una agenda adulta todo el día en la escuela, lo que menos le apetece es responder a preguntas de otro adulto. Lo único que necesita es que respeten su estado de ánimo.

Supongamos que el niño dice: «Ahora mismo no quiero hablar. Estoy demasiado cansado.» Los padres, inmersos en su película y por tanto desconectados de los sentimientos del niño, lo toman como algo personal y, como suponen que el niño está excluyéndoles, emiten una vibración de decepción. No obstante, la sensación de los padres de que están siendo rechazados es solo producto de su imaginación, el resultado de colocar sus necesidades en primer plano en vez de centrarse en las del niño. Esto deriva de la sensación de vacío que surge siempre que el hijo no acepta ser un sustituto del menoscabado yo auténtico de los padres.

Cuando el niño está a punto de llegar de la escuela, podemos prepararnos emocionalmente para su llegada. La clave es crear espacio en nuestra agenda para que la casa le resulte atractiva tras un día alejado de nosotros. A tal fin, le dejamos marcar la pauta. Solo hablará él. Comprendo que para muchos de nosotros es difícil, condicionados como estamos por nuestras ansiedades respecto a los hijos, pero es así como se lleva a cabo una labor parental realmente efectiva. En vez de imponer disciplina al hijo, nos la imponemos a nosotros mismos para mantener nuestras necesidades bajo control.

Cuando llega el niño, abrimos la puerta con una sonrisa y energía receptiva. El hecho de que el niño nos devuelva la sonrisa, nos abrace o incluso nos hable no tiene por qué guardar relación con nuestra receptividad. Al margen de cuál sea su estado de ánimo, el chico necesita sentirse totalmente aceptable. En otras palabras, el niño desempeña el papel de director: pide a los padres todo aquello que puede ayudarle a adaptarse al regreso a casa.

Como padres, no nos damos cuenta de la importante transición que supone para los hijos la vuelta a casa. Aunque quizá deseamos preguntarles por el examen, el partido o cualquier otro aspecto de la jornada, este no es el momento adecuado a menos que el niño se ponga a hablar de estas cuestiones. Si nos limitamos a una cálida bienvenida, seguimos el ritmo del hijo, al que permitimos fijar la agenda. Tan pronto como el chico se ha reabastecido de energía y se ha adaptado al entorno del hogar, podemos repasar con tacto cómo le ha ido la jornada. Lo más probable es que, en este momento, ya esté dispuesto a hablar. Pero no presionamos. Preferimos permitir el despliegue de una conexión auténtica.

Es muy fácil que los padres hagan más hincapié en la conexión mental que en la emocional. Creemos que al hablar estamos conectando, cuando a menudo hacemos lo contrario: imponer nuestros deseos en lugar de atender a lo que el niño necesita. Por eso la primera regla general es acallar nuestros pensamientos e ingresar en un estado de quietud absoluta, lo que nos permite sintonizar con el estado de ánimo del hijo. Esta calma invita al niño a ser quienquiera que perciba ser.

¿Cuántos de nosotros podemos realmente entrar en este estado de presencia total? Estar de veras con los hijos en cualquier circunstancia puede resultarnos angustioso hasta que nos acostumbramos. Estamos muy habituados a llenar el silencio con cháchara. La incapacidad para estar simplemente presentes con los hijos es una razón por la que en la labor parental desarrollamos toda clase de protocolos.

Nadie nos enseña a quedarnos quietos y en silencio. Vamos a ver, ¿dónde está la «quietud» en el currículo escolar?

Sentirse cómodo con la quietud forma parte de la primera etapa esencial de un método de seis pasos que aconsejo para establecer y mantener la conexión con el hijo. A fin de que sea más fácil retenerlos utilizo un acrónimo, la palabra *«vencer»*. Las letras perfilan el método:

V – ver
E – explorar
N – neutralidad
C – convenir
E – empatizar
R – resolver

27

V de ver

La **V** se refiere a ver, ser testigo de lo que está pasando de verdad en el momento presente. Para ser testigo de lo que pasa hace falta capacidad para abandonar el rol de progenitor y pasar a observar sin más lo que esté ocurriendo.

Cuando miras una puesta de sol magnífica, ¿la contemplas como mujer, como hombre, como padre o como cónyuge? No, no eres consciente de ninguno de estos roles porque el esplendor de la puesta de sol capta tu conciencia, de modo que formas un conjunto con el crepúsculo. Has pasado del pensamiento a la presencia, lo que te permite sumergirte en la belleza del instante. Estás inmerso en el «tal cual» del acontecimiento en vez de interpretarlo mediante el objetivo de una cámara que dijera: «Debería tener una tonalidad anaranjada más brillante.» Si tienes la mente llena de cháchara mental, no entras en la profundidad de lo que estás experimentando.

Mientras observas la puesta de sol, sigues siendo una mujer, un hombre, un progenitor o un cónyuge, pero estos roles tienen menos importancia que la asimilación de la experiencia.

Es útil ser consciente de que, al margen de lo que tengamos delante en un momento dado —lo que esté sucediendo—, eso contiene un tesoro si somos capaces de reconocerlo, aunque no sea agradable. Si estamos disponibles y presentes, quizás experimentemos una transformación profunda; en cambio, si tenemos la mente ocupada, podemos perdernos estas valiosas lecciones.

¿Podemos conectar con los hijos igual que conectamos con el esplendor de una puesta de sol? Pues sí, si estamos dispuestos a suspender nuestra película y aceptar la realidad de los niños tal como es en realidad. Ser testigo tiene que ver con ser capaz de conectar con la realidad tal como es.

Muchos no nos damos cuenta de que, cuando los hijos parecen excluirnos, es solo porque perciben que no estamos sintonizados con ellos, o al menos no de forma real. «Mis padres nunca escuchan» es una queja que oigo continuamente. Nosotros *creemos* que escuchamos, desde luego. Sin embargo, lo que estamos escuchando es nuestra propia voz interior, no lo que los niños intentan decirnos.

Es útil ser consciente de que, al margen de lo que tengamos delante en un momento dado —lo que esté sucediendo—, eso contiene un tesoro si somos capaces de reconocerlo, aunque no sea agradable.

No entendemos por qué los hijos hacen oídos sordos a lo que les decimos. La explicación es que nuestro subconsciente desprende continuamente vibraciones que les llegan como un fuerte sonido metálico. «Lo único que hacen mis padres es sermonearme», me dicen muchos, sobre todo adolescentes. Está claro: solo pueden protegerse no haciéndonos caso.

Solo si somos sensibles al momento en vez de estar condicionados por la agenda podemos coincidir con los hijos donde ellos lo necesiten. Cuando conectamos de manera efectiva, no hay drama. Afrontamos los problemas tal como son. Esto mantiene la conexión que constituye el fundamento del desarrollo sano de un niño.

Un padre me dijo esto: «Mi hijo de doce años nunca habla conmigo. Solo quiere chatear en el ordenador con sus amigos.» Yo le expliqué que esta dinámica no surgía de la noche a la mañana y tampoco se podía cambiar de la noche a la mañana. Añadí también que el comportamiento del hijo refleja el modo en que siente que su padre se comporta con él. Como sabe que su agenda es pisoteada una y otra vez, ahora comunica lo siguiente: «Me protegeré a mí mismo yendo a mi cuarto, donde me ocuparé yo solito de las cosas que me importan.»

Cuando le aclaré al padre que necesitaba desarrollar una conexión con el hijo, este se lamentó: «Pero es que ni siquiera me deja entrar en su habitación. Si no me dice nada, ¿cómo se supone que voy a conectar con él?»

«Usted ha de partir de la situación "tal cual" —expliqué—. ¿Qué hace él en el ordenador?»

«Estudia y se entretiene con videojuegos.»

«Así es como debe conectar usted, mostrando interés en algún videojuego que a él le guste e invitándole a jugar juntos.» Así somos testigos de la realidad del niño.

«Pero es que yo detesto los videojuegos. Me aburren.»

«No tiene que ver con lo que le gusta a usted, sino con la forma de interaccionar con el chico. Si él le ve realmente interesado en establecer alguna relación, no solo en buscar la manera de cambiarlo, comenzará a sincerarse. Pero le aviso: esto llevará un tiempo. Tendrá que construir la confianza ladrillo a ladrillo. Y enfocados a ese fin, usted no puede explotar debido al rechazo del chico; ha de considerarlo como una parte del proceso. Será de ayuda tener siempre presente que él solo está poniendo de manifiesto cómo se ha sentido durante muchos años.»

Los niños no son cerrados por naturaleza. Al contrario, son abiertos y están dispuestos a darse a sí mismos siempre y cuando sientan que eso no supone ningún riesgo. Los niños quieren que veamos su bondad intrínseca, con independencia de su conducta externa en un momento determinado. Les encanta la seguridad de que su mal comportamiento no nos perturbará. Ser testigo de los hijos significa aceptarlos sin condiciones.

Cuando hablo de aceptación incondicional, a veces los padres me dicen: «¿Está diciendo que no pasa nada si el niño miente, roba o engaña?»

«Esto no tiene nada que ver con que una conducta concreta esté bien o mal —explico—, sino con que la *relación* funcione. Un niño ha de tener claro que confesar sus errores y admitir sus puntos débiles no comporta peligro. Ratifica que, al margen de lo que hagan, siguen siendo personas buenas y valoradas. Sentirse bien consigo mismos les hace desear cosas buenas.»

Si los hijos se huelen la inminencia de un reproche, se cierran. Si queremos que se nos abran, no puede haber juicio alguno. Pasar a ser testigos significa renunciar al impulso de manipular la situación. Cualquier ajuste de la conducta ha de producirse más adelante, en un ambiente de conexión significativa. En ese momento, lo único que se pide es presenciar, ser testigo de su deseo de mostrarse francos con nosotros.

Si los hijos perciben vibraciones de aceptación procedentes de nosotros, se sienten atraídos a pasar más tiempo en nuestra presencia, hecho que podemos observar en la relación de Fred y su hija. Fred es un obseso de la limpieza a quien le encanta tener la casa ordenada. En una sesión de terapia, describió una discusión con la niña. «Es muy grosera e irrespetuosa», se quejaba. Resulta que en una ocasión el padre entró en el salón y se encontró con la hija viendo su programa favorito en la televisión, con los pies sobre el sofá, todos los libros desparramados y tomando sorbos de un batido.

Suficiente desorden para que Fred se subiera por las paredes. «Quita los pies del sofá —espetó—. Recoge los libros. Y lleva el batido a la cocina. Ya sabes que en el salón no está permitida la comida.»

La hija de Fred se levantó con un gruñido, masculló algo para sus adentros, se fue furiosa a su cuarto y se encerró en él dando un portazo. Indignado por el portazo, Fred irrumpió sin llamar gritando: «¡Cómo te atreves, mocosa! Te vas a enterar. Una semana sin televisión.»

Cuando le dije a Fred que su energía había provocado un efecto dominó, se mostró perplejo. Se lo expliqué: «En cuanto entró en el salón, usted percibió un caos. Sin embargo, según la perspectiva de su hija, el salón no tenía nada de caótico. Estaba todo de la manera en que ella se sentía más cómoda. Su portazo fue una forma de decir: «Aquí no pinto nada. Solo te importan tus reglas, no que yo me sienta a gusto.»

El error de Fred era verse a sí mismo en el papel de «reparador» y no en el de simple testigo.

Fred debe aprender a absorber las diferentes maneras de ser de su familia. Si hubiera sido una presencia en forma de testigo, habría entrado en el salón y, en vez de fijarse en el sitio donde la niña tenía puestos los pies, los libros o el batido, habría captado el ambiente relajado y el placer que estaba ella experimentando. Si se hubiera permitido a sí mismo sentir esto, habría podido sentarse y disfrutar del programa con ella o simplemente cruzar la estancia con una sonrisa de «me alegra ver que te lo pasas bien».

Menos mal que Fred estaba abierto a aprender que su actitud crítica era en realidad una manera de evitar la intimidad y que su problema era el miedo subconsciente que le causaba la idea de estar de veras cerca de otra persona. Gracias a la terapia, acabó entendiendo que, en cuanto conectara con su familia «tal cual» y antepusiera la relación con ella a su agenda, a continuación podría redirigirla con cuidado para ayudar a limpiar y ordenar cuando fuera oportuno. De esta manera, su familia sería más receptiva a sus deseos sin tener la sensación de que esto fuera lo único importante para él.

«Te escucho, te veo, te acepto» es el potente mensaje del

estado de *ser testigo*. Es el factor dinamizador, el inicio de un nuevo estilo parental que evita enfrentamientos ocasionados por la disciplina y da como resultado la conexión.

La presencia en forma de testigo definida por la calma, la franqueza y la receptividad puede ser todo un reto. Para ayudar a invocar un estado de presencia, suelo sugerir a mis pacientes que se centren en lo siguiente:

Lo que hay delante de mí es mi profesor, pero todavía no lo había reconocido. Yo he atraído lo que tengo delante para expandirme de algún modo, y sacaré provecho del descubrimiento de cómo puede hacerse.

Lo que hay delante de mí ha llegado como amigo, no como enemigo.

Lo que hay delante de mí es un reflejo de mi estado interior, y mi modo de reaccionar refleja cómo me siento conmigo mismo.

Lo que tengo delante es perfecto en su imperfección, igual que yo.

28

E de explorar

La **E** se refiere a explorar. De entrada, me permitiré decir que esto no significa que vayamos a entrometernos en la vida del niño a modo de investigadores. Estoy hablando de llegar a la razón subyacente de lo que está pasando. Esto tiene dos aspectos, ninguno de los cuales supone someter al hijo a un interrogatorio.

El primer aspecto es aceptar que nunca conoceremos realmente a otra persona, algo que por otra parte tampoco es nuestro cometido. La finalidad de investigar no es determinar quién es la persona, sino concentrar nuestra energía en favorecer una conexión con ella de la manera en que desee revelarse ante nosotros. Esto nos exige aceptar que nuestra forma de ser es solo una más. Hay muchísimas otras posibilidades, y cada individuo tiene derecho a expresar su exclusivo planteamiento de vida aunque sea totalmente ajeno a nuestro modo de ser.

Como los seres humanos somos criaturas complejas, lo que creemos ver en el comportamiento de una persona casi nunca es lo que está pasando realmente. Al resultarnos imposible saber qué es ser otra persona, solo podemos aspirar a

> Al resultarnos imposible saber qué es ser otra persona, solo podemos aspirar a conectar con ella de tal modo que decida de buen grado desvelarnos parte de su mundo interior.

conectar con ella de tal modo que decida de buen grado desvelarnos parte de su mundo interior.

El hecho de que entre en nuestra vida otro ser humano, sobre todo si hemos de cuidar de él cuando se trata de un niño, es un privilegio. Estar en su presencia debe llenarnos de asombro, de modo que nunca intentaremos controlarlo. Lo único que podemos desear para esta valiosísima alma que nos ha sido confiada es investigar su esencia, saber lo que es realmente significativo para ella, a fin de que pueda florecer y convertirse en el individuo único que es.

Cuando vemos la belleza en los hijos, su manera de ser increíblemente individual, rebosamos veneración hacia ellos. Todas las imperfecciones se interpretan a la luz de una obra en curso, una obra iniciada y sustentada desde dentro del propio ser del niño. Es responsabilidad nuestra proteger, alimentar y ofrecer un reflejo de su propia esencia, nunca imponerle nuestro estilo. Se ofrece orientación no solo para dirigir, sino también para permitir al niño reflexionar sobre sus deseos más profundos a fin de llevarlos a buen término.

El segundo aspecto de la investigación es descubrir el «porqué» subyacente a una conducta, pero el porqué que hay en *nosotros*, los padres, no en el niño. ¿Qué parte de *nosotros* provoca la reacción que obtenemos del hijo? ¿Cómo los animamos a abandonar su propio y genuino ser para que en cambio adopten comportamientos anómalos? De igual manera, si un niño necesita cierta forma de ayuda, como la intervención profesional, ¿cuál es la mejor forma en que podemos procurar esta ayuda?

En mi larga experiencia como terapeuta, he llegado a ver

que siempre hay buenas razones por las que las personas hacen lo que hacen. Quizá no sean razones que nos encanten, o que aprobemos siquiera. No obstante, es crucial entender que, a su juicio, su razón es válida. En especial con los niños, es importante llegar a conocer el significado de una conducta dada.

A menudo, cuando preguntamos a alguien por qué hace algo, es más una acusación que una verdadera investigación sobre las verdaderas razones. No hay una genuina voluntad de conocer al niño, solo un deseo de cambiarlo. Si no somos de veras curiosos y abiertos, la investigación no lleva a ningún sitio. El «porqué» acaba siendo simplemente una forma de disimular la evaluación y el control.

Investigar tiene que ver con trasladar el foco desde el interrogador al buscador, en su intento de entender sinceramente la dinámica. Esta energía más suave invita a los hijos a mostrarse ante nosotros sin la sensación de estar tropezándose continuamente con nuestra resistencia.

Un ejemplo de lo que estoy diciendo es el de Marilyn, de catorce años, y su madre Darlene, que habían estado acudiendo a terapia para abordar diversos problemas típicos entre padres y adolescentes. Las dos se sentían heridas, atrapadas y resentidas la una con la otra. Se planteaba la cuestión de por qué las notas de Marilyn habían bajado en picado y ella en la escuela no sentía el menor entusiasmo. «¿Por qué está malográndose así? —se lamentaba la madre—. ¿Cómo cree que va a prosperar si trae a casa suspensos en todas las asignaturas? ¿No se da cuenta de que está echando a perder sus posibilidades de tener una vida fantástica?»

Hice ver a Darlene que ninguna de estas cuestiones era una verdadera pregunta sobre el origen del pobre rendimiento escolar de Marilyn, que hasta entonces había sacado muy buenas notas. En realidad, la madre decía: «Por el amor de Dios, ¿por qué no dejas de ver estos estúpidos programas todo el rato y te pones a estudiar otra vez como antes?» Resumiendo, las «preguntas» de Darlene no eran tales, sino que expresaban una enorme frustración ante su incapacidad para resolver el problema. En las preguntas no había curiosidad ni verdadero deseo de comprender. Por lo que alcanzaba a ver la madre, la hija estaba hundiéndose adrede y había que mostrarle el buen camino.

«Entonces, ¿qué debo preguntar?», dijo Darlene. Nos quedamos calladas unos instantes. Darlene rompió el silencio. «De verdad que hago todo lo que puedo —dijo—. Creía estar demostrando mi preocupación. No conozco otra manera de decir lo que quiero decir.»

Estaba claro que Darlene no tenía ni idea de que había una razón latente para la súbita falta de interés de Marilyn en los estudios. También estaba claro que no sabía cómo conectar con su hija de manera que esta pudiera sentirse segura al expresar sus experiencias. Aun así, en su tono se apreciaba un cambio suficiente para alterar el ambiente de la habitación. Marilyn detectaba que las vibraciones emitidas por su madre eran las de la verdadera confusión.

Me volví hacia la hija y sugerí algo: «¿Por qué no explicas a tu madre lo que sientes?»

Ahora Marilyn habló directamente a Darlene: «En realidad, a ti te da igual lo que me pasa, mamá. Nunca te tomas la molestia de sentarte conmigo y dejar que comparta cosas contigo cuando estoy dispuesta a hacerlo. Lo único que quieres saber es cómo me ha ido el examen y qué notas he sacado. Te preocupa más tener una hija inteligente que saber cómo me siento.»

Darlene se quedó boquiabierta. «¿Qué quieres decir con "cómo me siento"? Siempre te he preguntado cómo te va y si necesitas algo, pero no me dices nada.»

Marilyn me miraba con ademán de impotencia.

Me volví hacia Darlene y dije: «Su hija acaba de compartir

con usted algo muy importante. Como respuesta, usted dice que ella la excluye. Sin embargo, lo que veo yo es que es usted quien la excluye a ella. Rechaza lo que le dice en vez de escucharla. Me gustaría que volviera a intentarlo, y esta vez procure escuchar lo que le dice.»

Darlene se quedó atónita. Por una vez se quedó sin palabras, lo que sirvió de catalizador para cambiarlo todo. Mirando impotente a su hija, reunió suficiente coraje para decir: «Lamento no haberte escuchado. ¿Me lo repites, por favor? Quiero saber realmente lo que te pasa.»

Marilyn estaba hecha polvo, era incapaz de hablar. En ese momento, Darlene alargó el brazo para coger la mano de su hija y durante unos instantes estuvieron mirándose a los ojos en silencio. De repente, saliendo de su quietud, Marilyn encontró las palabras para expresar aquello por lo que había estado pasando, algo de lo que su madre no tenía conocimiento alguno. Resultó que había conocido a un chico que intentó ligársela pero era novio de otra chica. Esto había excluido a Marilyn de una fiesta a la que habían asistido todos sus amigos. Al notar que en la escuela cada vez la aislaban y la evitaban más, su interés en estar ahí llegó al punto más bajo. Las malas notas que llevaba a casa eran un síntoma del dolor emocional que sufría.

Tan pronto como Darlene conoció la historia de su hija y recordó lo importante que había sido su propia vida so-

Cuando los niños perciben que queremos saber de veras qué les pasa, reciben nuestras preguntas como auténticas oportunidades para sincerarse. Entonces podemos orientarles con tacto hacia su propio autoconocimiento, mediante el cual estarán capacitados para afrontar cualquier cosa que les suceda en la vida, por desagradable que sea.

cial con los compañeros en la adolescencia, fue capaz de conectar empáticamente con su hija. Esta, por su parte, se sintió segura a la hora de explicar su crisis gracias a que la madre había pasado de criticarla a ser su aliada.

Antes hemos hablado de los intentos de los padres por mitigar la sensación de vacío que experimentan debido a que, cuando eran niños, sus necesidades no fueron satisfechas. Ese era el caso de Darlene.

Cada vez que alguien nota esto, nos rehúye. Como nos encontramos en estado de necesidad, nuestras preguntas no reflejan verdadera curiosidad, sino que son superficiales o acusadoras.

Cuando los niños perciben que queremos saber de veras qué les pasa, reciben nuestras preguntas como auténticas oportunidades para sincerarse. Entonces podemos orientarles con tacto hacia su propio autoconocimiento, mediante el cual estarán capacitados para afrontar cualquier cosa que les suceda en la vida, por desagradable que sea.

29

N de neutralidad

La **N** corresponde a neutralidad, ser neutral. Debido a nuestro condicionamiento emocional, tendemos a introducir emociones innecesarias a cualquier interacción con los hijos. Por ejemplo, si queremos que hagan algo como recoger los juguetes, colgar la ropa en el armario o llevar sus platos a la cocina, nos cuesta dar a conocer nuestros deseos sin añadir un poco de emotividad a nuestra petición. El niño, que siempre responde en el nivel de los sentimientos, no en el de la lógica, capta ese punto emotivo, lo que marca la pauta de la interacción. Una pizca de carencia o de ansiedad que noten en nosotros puede provocar resistencia en ellos, pues no se sienten capaces de satisfacer nuestras necesidades en el plano emocional.

En el caso de la solicitud de que recojan los platos, lo que se transmite al niño no es la conveniencia de mantener el orden en la casa, sino la necesidad que tienen los padres de que les hagan caso. Así, en vez de decir «recoge los platos, por favor» de una manera clara y sencilla, a menudo el tono encierra algo de pánico o de intensidad injustificada. Si la petición no es tenida en consideración a la primera, aumenta el pánico de acuerdo con nuestro historial de no haber sido escuchados siendo niños. A medida que captamos la pérdida de control, la voz suena más fuerte, más suplicante. Si esto no produce el resultado deseado, experimentamos indignación, lo que nos lleva a gritar: «¿Qué te pasa? ¿Por qué nunca me escuchas?» El niño nos mira con una mezcla de miedo y resentimiento, preguntándose cuál es este asunto tan importante.

Cuando los padres vienen de un estado de integridad, totalidad, en la petición hay una fuerza natural. Si el hijo no detecta esta presencia poderosa, los padres permanecen tranquilos, colocándose en el campo visual del niño y estableciendo contacto visual antes de preguntar con firmeza pero también con amabilidad: «¿Hay alguna razón por la que no puedas hacer lo que te digo? Necesito que hagas lo que estoy pidiendo y que guardes los platos.» A continuación, los padres abandonan la estancia con plena confianza en que sus deseos se verán cumplidos.

«Neutralidad» significa que primero resolvemos nuestras emociones, y luego hacemos la petición libres de bagaje emocional. La solicitud no conlleva dejes emocionales, como «si no haces esto, me sentiré muy decepcionado», «debería darte vergüenza», «no ves cuánto necesito tu ayuda» o cualquier otro subtexto que no venga a cuento en lo que debería ser un intercambio puramente práctico.

Muchos de nosotros casi nunca hablamos con naturalidad ni siquiera la primera vez que pedimos algo a los hijos, por ejemplo, que recojan su ropa. Por lo general, ya hay cierto grado de emoción en la solicitud. Y los niños reaccionan ante esta carga emocional, lo que desencadena una dinámica contraproducente. Y sobreviene el drama.

Una cosa es permanecer neutral al abordar un asunto práctico como las tareas domésticas, pero ¿y si nos enteramos de que la hija de trece años está teniendo relaciones sexuales con su novio?

En una situación así, el primer instinto es subirnos por las paredes, convencidos de que esta reacción nuestra está justificadísima. Sacamos toda la artillería. Racionalizamos que la conducta de la hija disculpa una reacción así. «¿Cómo puede ser que mi hija se haya convertido en una de "esas"?», nos preguntamos. Imaginamos que acabará siendo una madre adolescente, que va a dejar la escuela, que será una vagabunda sin hogar. Razón más que suficiente para sufrir un colapso, sin duda.

Es comprensible la inclinación a ponernos como un basilisco. Un comportamiento tan extremo por parte de una hija suscita en nosotros un miedo inmenso. La única manera conocida de reaccionar ante un miedo tan abrumador es el pánico. ¿Cómo puede mantenerse uno «neutral» en un momento así, si su hija le importa?

Una chica de trece años que es sexualmente activa, sea con diversas parejas ocasionales o con un novio, acaso esté manifestando una necesidad profunda. Seguramente está pidiendo a gritos una conexión significativa que no ha encontrado en su relación con nosotros y por tanto carece de ser interior. Sin un sostén, una chica así busca conexión donde sea. En una situación semejante, un novio —o una serie de relaciones ocasionales— procura una transfusión de individualidad. Se está tomando prestado literalmente el sentido de la valía, al precio que sea. Por eso, una chica pillada en esta situación llegará incluso a traficar con drogas a cambio de la sensación de validez que le proporciona la conexión, una realidad que hace cruel la reclusión por esas conductas. Lo que hay que hacer es ayudarla a desarrollarse desde el punto de vista emocional.

A menudo se dice que un niño que recurre a esa conducta tiene una autoestima baja: se trata de un término demasiado general que no nos dice nada. Incluso se acompaña de una nota de juicio, como si la chica tuviera que sentirse mejor consigo misma, valorarse más. A las muchachas promiscuas se las llama «fulanas» o «putas» como si estuvieran tomando la decisión consciente de vender su cuerpo. Incluso el término «madre soltera» está lleno de menosprecio y desdén, como si «chica» no tuviera sentido.

Cuando nos damos cuenta de que el estado de necesidad sustenta todo el mal comportamiento, y que la necesidad emocional aplasta fácilmente la lógica y el buen criterio, se hace evidente que lo que menos conviene aquí es lanzar un ataque. Acabar siendo emocionalmente reactivo solo intensifica la culpa en la que la chica ya está hundiéndose, por no mencionar que ensancha aún más la brecha entre ella y nosotros.

En una crisis así, lo que se nos pide como padres es que reconozcamos la profundidad del estado de necesidad que está experimentando el hijo, y que luego intervengamos a este nivel. Esto no ha de comenzar con juicios, reprimendas ni controles, sino con el reconocimiento de que nuestra energía emocional ha sido lo que más ha contribuido a la desconexión que estamos afrontando.

Si los padres reaccionan en un momento así, es que no han entendido el problema. El drama que creamos en torno a la situación es simplemente una forma de aliviar nuestro sentimiento de culpa y enfocar la ansiedad hacia el niño. El caballo se ha desbocado y ahora es demasiado tarde para cerrar el establo con órdenes de no salir, restricciones, supresión de privilegios o prohibiciones de ver al novio o a los amigos. Los toques de queda no cambiarán la situación. Limitar el acceso al novio no mitigará la gravedad de lo que está pasando. Ningún enfoque externo de la situación llegará a la raíz del dolor que ella sufre. Al contrario: o bien empujará la conducta a la clan-

Cuando nos damos cuenta de que el estado de necesidad sustenta todo el mal comportamiento, y que la necesidad emocional aplasta fácilmente la lógica y el buen criterio, se hace evidente que lo que menos conviene aquí es lanzar un ataque.

destinidad, o bien provocará una revuelta en toda regla, con las potenciales consecuencias de una niña que se va de casa y se mete en situaciones complicadas, quizás acabando como prostituta callejera, sometida al control de un proxeneta que le ofrece un sentido trágicamente tergiversado del valor que tiene ella para él.

En un momento así, es esencial que los padres refrenen su reactividad, lo más difícil cuando se afronta una de estas crisis. Después han de darse cuenta de que años de necesidades insatisfechas no pueden enmendarse solo con una conversación seria con la hija o mandándola a terapia.

La neutralidad nos permite emprender acciones significativas, algo esencialmente distinto de la reacción. La neutralidad elimina las malas hierbas emocionales de una situación para que podamos ver con claridad el modo de avanzar de una manera provechosa. Cuando una situación es lo bastante grave, suelo enviar a los padres y al hijo a retiros de terapia intensiva de una semana, donde se sumergen en un proceso curativo bajo la orientación de un profesional. Dicho esto, quiero subrayar que este es solo el principio: en una semana no se llenan años de vacío interior.

Mientras restablecen poco a poco la conexión con la hija, lo que a ella le permitirá a su vez restablecer la conexión con su propio ser para así llegar a valorarse realmente, es importante que los padres toleren la presencia del novio y otros amigos en la vida de la chica. La instauración de un sentido sólido del yo exige que ella asuma en parte la dirección de su cambio de conducta. El rol parental no consiste en dictar, sino en conectar. A medida que la sensación interna del estado de necesidad de un niño va siendo sustituida por una sensación de valía y competencia, este empieza a establecer para sí mismo estándares superiores, lo que le llevará a situaciones e individuos que respaldarán la aparición de su potencial. Solo él puede hacerlo. Nuestro papel como padres consiste en proporcionar un contexto que alimente su florecimiento.

Los principios esbozados para el caso de una chica que tiene relaciones sexuales demasiado pronto en la vida son también aplicables a los chicos que consumen drogas, exhiben determinados comportamientos de riesgo o fracasan en los estudios. El nivel de nuestra intervención ha de ser proporcional a la gravedad de la situación. Un niño que a los dieciséis años fuma un porro de vez en cuando no tiene nada que ver con uno de trece que coquetea con la cocaína, no hablemos ya de la heroína. En el núcleo de todos estos comportamientos está el estado de necesidad. Y la intervención debe guardar correspondencia con la necesidad.

Cuando llegamos al núcleo de los problemas del niño, seguramente nos encontramos con mucho dolor emocional. Este suele expresarse en forma de enfado, sentimiento de culpa o tristeza. Son emociones fuertes a veces difíciles de soportar para los padres. Pero mantenerse neutral significa ser capaz de tolerar estas emociones para ayudar al hijo a tolerarlas. Cuanto más sensatos y prácticos nos mostremos, más capaces seremos de asimilar las emociones del hijo. Poco a poco, este aprenderá a aligerar su carga. A su debido tiempo, desaparecerá el impulso interno a portarse mal.

Una paciente llama a esto «trabajo con los sentimientos», haciendo referencia al proceso en virtud del cual los padres crean a propósito un espacio en el que el niño puede desahogar sus emociones. Dicha paciente se implicó en este proceso a diario durante seis semanas. Cuando la hija adolescente regresaba cada tarde a casa desde la escuela, la madre le permitía adaptarse al entorno del hogar. Después le sugería que compartiera sus sentimientos. Como la chica experimentaba presiones sociales y las intrigas del patio de recreo, la madre sabía hasta qué punto era importante ser, en la vida de su hija, una presencia igual de fuerte que la de sus compañeros. Esto exigió de ella ayudar a la hija a aliviar su carga día tras día. Cada tarde se sentaban unos treinta minutos, y escribían, dibujaban, llevaban un diario y hablaban de los sentimientos de la chica. La madre escuchaba paciente, con la idea de que la hija aceptara que no hacían falta soluciones, que no se buscaban resultados. Compartir bastaba. Al final de aquellas semanas de conexión intensiva, la hija comenzó a tomar medidas para resolver los problemas por su cuenta.

Son aplicables los mismos principios en el caso de los padres que descubren marihuana, píldoras anticonceptivas o un carné de identidad falso en la habitación de su hija de catorce años. Para avanzar de forma productiva, es preciso que los padres sintonicen con sus propios sentimientos y reconozcan las emociones que esto les provoca. Acaso decidan hablar con un amigo o un terapeuta que les ayude a lidiar con sus sentimientos, comprendiendo que, si no procesan lo que están sintiendo, crearán más caos que curación.

Una vez se sientan emocionalmente neutrales, inician un diálogo con el hijo. «He encontrado esto en tu cuarto —podría empezar diciendo el padre—. Al principio me horroricé, pero ahora solo quiero saber lo que te pasa.» Si el hijo ve nuestra transparencia y percibe vibraciones de que estamos tranquilos y de veras interesados en la cuestión, estará más predispuesto a sincerarse con nosotros.

Con independencia de lo duro que pueda resultar oír comentarios como «te odio» o «todo es culpa tuya», hemos de tener presente que nuestras reacciones emocionales solo enredan las cosas. Los hijos necesitan ser capaces de aliviar su carga por sí solos sin evaluaciones por nuestra parte. Esto es posible gracias a la neutralidad emocional.

30

C de convenir

Esta **C** corresponde a convenir, concertar. Negociar. El arte de la negociación es una de las habilidades más valiosas que podemos desarrollar si pretendemos maniobrar por las complejidades de la vida de una manera que nos dé, no que nos quite.

Cuando enseñamos a los hijos a convenir y a negociar, les animamos a considerar la vida como un proceso creativo en el que son capaces de influir en el resultado de las situaciones. Descubren que las relaciones pueden ser mutuamente enriquecedoras, de modo que ambas partes reivindican todos sus derechos como individuos.

Cabría decir que queremos a nuestros hijos capacitados de esta manera. No obstante, en la práctica debilitamos su capacidad para funcionar desde una posición de poder, que es lo que la negociación requiere. ¿Cómo los debilitamos? Pues personificando la expresión «a mi modo o nada» cuando recurrimos a imponerles disciplina.

Aunque el término «negociación» suele utilizarse en el mundo empresarial, me parece que pocos saben qué significa. Para muchos de nosotros, sobre todo en el mundo laboral, la negociación es un empeño lleno de hostilidad en el que se libra una batalla sobre quién consigue qué y quién cede qué. El objetivo es ganar a expensas del otro. No hay reciprocidad alguna: las dos partes salen de la negociación, de la concertación, como ganadoras.

No es de extrañar que, en vez de desarrollar la destreza de la negociación, los hijos aprendan a ser antagonistas, como si solo existiera su opción y la otra. Aprenden que la única manera de conseguir lo que quieren es yendo contra nosotros, esperando que así nos presionarán lo suficiente para hacernos ceder a sus deseos.

Para enfocar muchas situaciones complejas de la vida hay diversos métodos. Por ejemplo, podemos jugar con los niños un juego llamado A, B, C, que usaremos para ilustrar que un problema siempre tiene al menos tres soluciones diferentes; solo hemos de ser abiertos y flexibles para buscarlas. Puede haber la solución A, la B o la C. Si una parte quiere la A, y la otra quiere la B, la manera de avanzar es encontrar la C. Un juego así infunde en el niño un sentido de habilitación, de atribución de poder. Se da cuenta de que es posible resolver cualquier problema si estamos dispuestos a sacudirnos las ideas preconcebidas. No se trata de que yo vaya contra ti, sino de que tú y yo vayamos juntos en busca de ideas nuevas y, por tanto, senderos nuevos y agradables.

Muchos tal vez consideren que este proceso de negociación supone dar al niño demasiado poder. No obstante, el objetivo de la labor parental es ayudar a los hijos a ejercer cada vez más poder sobre su vida, en concordancia con su creciente capacidad para gestionarlo. Además, si lo pensamos un poco, los niños ya son poderosos... ¿cómo no iban a serlo? ¿Por qué nos da tanto miedo su fuerza? Desde una postura de inseguridad e incompetencia, quizás algunos preferimos que ellos tengan poco poder para así aferrarnos nosotros a nuestro falso sentimiento de supremacía.

Me acuerdo de Tyler, un niño que tuvo una pataleta con su padre en la terapia. El chico quería librarse de todos los profesores particulares que el padre le había impuesto, en especial el de español y el de inglés. Como prueba de que no necesitaba ayuda, hacía hincapié en la mejora de sus calificaciones. En la negociación que tuvo lugar después, accedió a que si podía dejar las clases particulares de español y de inglés, seguiría con las otras. Cuando dije que me parecía una buena oferta, el padre replicó: «Pero entonces creerá que él lleva la voz cantante.»

Respondí con una pregunta: «¿Quién llevaba de entrada la voz al contratar todos esos profesores?»

«Yo —reconoció el padre tímidamente—. Quería que gozara de todas las oportunidades para tener una vida de éxito.»

«Sin duda —admití—. Sin embargo, aunque su hijo lo aceptó durante un tiempo, ahora le pide llegar a un acuerdo. Este acuerdo no significa que él lleve la batuta. Significa que nadie tiene por qué llevar ninguna batuta, sino que, si hay respeto y consideración, se pueden satisfacer las necesidades de todos.»

Es importante ser consciente de que la negociación debe girar alrededor de cuestiones que no son vitales: no negociamos sobre asuntos relativos a la seguridad o el bienestar. Por ejemplo, si tuviéramos pruebas convincentes de que los refrescos son perjudiciales para el bienestar del hijo, en casa los prohibiríamos al instante. Si metidos en nuestro rol parental hemos de tomar medidas concernientes a la seguridad del niño, conviene asumir la posición de liderazgo y guiarlo sin asomo de ambivalencia.

Por otra parte, si un asunto no es de carácter vital, los hijos han de sentirse parte del diálogo. Por ejemplo, un niño quería ir a citas de juegos el sábado y el domingo, mientras que los padres consideraban que no debía ir los dos días. Como el chico estaba resuelto a ir, los padres notaron que iban adoptando el papel de dictadores. El diálogo interior era así: «Eres un niño desobediente y terco. A veces tienes que ceder sin más porque soy tu madre.»

Mientras la madre se preparaba para soltar el sermón, el niño dijo: «Tengo la solución. Si termino los deberes escolares el viernes por la noche tal como tú quieres, podré ir a las dos citas de juegos, ¿vale? A ti solo te preocupan mis deberes, ¿verdad?» Como dice Mateo, «de la boca de los niños...».

La madre vio enseguida que, si se le desafiaba, podía instalarse fácilmente en su modo «de control por defecto». Menos mal que decidió no hacerlo. ¿Qué más le daba si su hijo jugaba el sábado y el domingo siempre y cuando hubiera cumplido con los requisitos para ello? Cayó en la cuenta de que el problema no tenía nada que ver con las citas de juegos, sino con la manera en que ella quería que se hicieran las cosas para sentirse cómoda. Al no entrar en la batalla por el control, consiguió un premio mucho mejor: una percepción clara de lo sensatos que pueden llegar a ser los hijos si les permitimos interaccionar con nosotros de una forma cooperativa.

Mientras que el compromiso y el sacrificio se basan en renunciar a algo importante para nosotros, la negociación se basa en buscar soluciones en las que todos salen ganando. Cuando negociamos, buscamos la manera en que las dos partes consigan llegar al mejor acuerdo. Interaccionamos par-

Mientras que el compromiso y el sacrificio se basan en renunciar a algo importante para nosotros, la negociación se basa en buscar soluciones en las que todos salen ganando. Cuando negociamos, buscamos la manera en que las dos partes consigan llegar al mejor acuerdo. Interaccionamos partiendo de la fuerza, no capitulando.

tiendo de la fuerza, no capitulando. El énfasis se pone en lograr algo importante para nosotros. Ello se debe a que el modelo se basa en activos, no en déficits. Es decir, mientras que el compromiso y el sacrificio encarnan un sentido de carencia, la negociación bien entendida y practicada se fundamenta en la conciencia de infinitas posibilidades. Actuamos desde la premisa de que en el universo hay suficiente para hacernos a todos felices y que solo tenemos que resolver el modo de poner esto de manifiesto. Cuando comenzamos desde una sensación de posibilidades infinitas, enseguida nos damos cuenta de que hay toda clase de opciones, un sinfín de ellas.

A fin de negociar con eficacia, es fundamental ser capaz de tolerar el conflicto. Si no toleramos el conflicto, permaneciendo con él hasta llegar a una resolución satisfactoria, renunciaremos a algo importante para nosotros y, en última instancia, a un aspecto de nosotros mismos. En una situación así no estamos contentos con el resultado, solo deseamos librarnos de la ansiedad provocada por el conflicto. La clave está en tolerar la ansiedad por razones de máxima satisfacción, comprendiendo que el conflicto forma parte de la implicación en cualquier clase de relación, sobre todo de las más estrechas.

Las personas suelen temer el conflicto, como si no tuviéramos sentimientos que contraponer a los del otro. Si una persona es emocionalmente estable, nunca debería discutir con otra, ¿verdad? De ahí que muchas parejas que quieren mostrarme su mejor cara pese a tener un hijo con una disfunción grave, digan: «Nunca discutimos ni peleamos.» Se sorprenden cuando les digo que esto no me parece un indicador de relación sana, sino

> Mediante la negociación, aprendemos a hacernos valer al tiempo que aprendemos a respetar los deseos del otro.

todo lo contrario. «No creo que las relaciones libres de conflictos —les explico— sean necesariamente más felices que las que sí los soportan. La cuestión no es si una pareja pasa por dificultades, sino cómo las negocian y superan. El conflicto contiene en su interior las semillas del verdadero desarrollo personal.»

Mediante la negociación, aprendemos a hacernos valer al tiempo que aprendemos a respetar los deseos del otro.

31

E de empatizar

La **E** corresponde a empatizar. La vida de Crystal había estado marcada por el drama y la tragedia. Mientras crecía en la pobreza de un barrio marginal, tuvo que presenciar la muerte prematura de su hermano en una pelea por asuntos de drogas. Pronto aprendió que debía proteger sus sentimientos de las duras realidades de su vida y encerró sus emociones en un caparazón. Como jamás había integrado el dolor de su vida, este se enconaba como una herida abierta.

Para Crystal, las relaciones sentimentales suponían todo un reto. Cada vez que un noviazgo amenazaba con ir más allá de las primeras impresiones superficiales, haciéndose más profundo, ella salía corriendo. Al final, tras una serie de relaciones rotas, acudió a mí para entender por qué se cerraba siempre. «Todos mis novios creen que soy fría e insensible —explicaba—. Me tienen miedo y dicen que no tengo corazón.»

Le expliqué que el dolor y las dificultades vividas en el pasado nos empujan a levantar muros en torno a nuestros sentimientos para sentirnos protegidos. El dolor es tan fuerte que nos cerramos a sentimientos profundos; evitamos estar cerca de alguien por miedo a que renazca el dolor. Estamos convencidos de que volveremos a sufrir.

Cuando el trauma se produce en etapas tempranas de la vida, nos protegemos en especial de lo que percibimos como crueldad emocional de los otros. Una manera de hacerlo es siendo crueles nosotros mismos, pues solo conocemos este tipo de planteamiento. No obstante, me permito añadir que cuando el trauma se produce en etapas posteriores, a veces tiene el efecto contrario y nos abre el corazón.

Cuando Crystal revisó su pasado en un ambiente de aceptación, comenzó a reconectar con sus sentimientos enterrados. Como una flor que se desarrolla lentamente, se abrió pétalo a pétalo, permitiendo que fluyeran las lágrimas donde antes solo había habido amargura y resignación. Volviendo poco a poco a la vida, se encontró conectando con gente con la que nunca había interaccionado, lo cual era un reflejo directo de su creciente conexión con sus sentimientos más profundos. Una confianza creciente en su capacidad para gestionar el dolor le permitió volver a confiar.

Cuando estamos en contacto con nuestra experiencia de ser humanos e imperfectos en un mundo imperfecto, cuando hemos aprendido a tolerar la ansiedad que esto provoca de forma inevitable, acabamos abriéndonos a los otros mientras estos también forcejean con la experiencia de ser humanos. Como hemos experimentado un dolor parecido, los entendemos mejor. Esto no significa que sintamos exactamente lo que ellos están sintiendo o que podamos presuponer que sabemos cómo se sienten. Significa que somos capaces de estar presentes con los demás en sus sentimientos, sin pensar que hayamos de arreglar nada. Podemos permitir a cada persona estar dondequiera que se encuentre.

La gente suele preguntarme: «¿Cómo sabrán las otras personas que me importan si no les demuestro que me preocupan, les doy mi opinión o les ayudo a desprenderse del dolor?»

Y yo respondo: «Está confundiendo usted "hacer" con

"importar". La empatía va acompañada del respeto por lo que son las personas en su viaje vital. Si quieren crecer y tener poder, las personas están exactamente donde necesitan estar pese a su dolor. Creemos en su capacidad para resurgir de las cenizas debido a que confiamos en el universo como un lugar de curación que nos conducirá a una vida más plena cuando estemos preparados.»

Solo en la medida en que estemos emocionalmente conectados con nosotros mismos seremos capaces de hallarnos presentes con otro en su experiencia sin necesidad de que esta sea algo distinto de lo que es. Da igual si entendemos que sus problemas son serios o triviales. No nos corresponde a nosotros juzgar lo que está viviendo otra persona, pues su modo de ser —y por tanto lo que puede manejar— es exclusivo de ella. Para estar presentes con ella, lo único que se nos exige es una actitud totalmente sintonizada.

Estar con otro para compartir sus emociones dolorosas es algo complicado. Nuestro instinto nos impulsa a rescatar al otro del dolor. A veces, nuestra ansiedad puede aumentar hasta hacerse insoportable, lo que nos lleva a meternos en una situación de forma injustificada, entorpeciendo con ello el proceso orgánico del individuo.

Para un lego en la materia, el rescate acaso guarde similitud con la empatía, pero esto es no entender lo que es la empatía. Estar en presencia de una persona con dolor desencadena inevitablemente nuestra propia ansiedad. Mostrar auténtica empatía significa tener la capacidad para soportar la ansiedad mientras estamos plenamente presentes con el conflicto de otro. Para esta-

Solo en la medida en que estemos emocionalmente conectados con nosotros mismos seremos capaces de hallarnos presentes con otro en su experiencia sin necesidad de que esta sea algo distinto de lo que es.

blecer lazos de empatía con otro, es crucial que no secuestremos su experiencia emocional para sustituirla por la nuestra, una trampa en la que muchos caemos. En una situación así, en vez de manifestar afinidad con sus sentimientos, a veces contaminamos la experiencia con nuestros propios problemas no resueltos.

Cuando alguien está apenado, solemos soltar algún tópico como «Dios tiene un plan para ti» o «No te preocupes, se arreglará». Y luego está el clásico: «Todo pasa por algo.» Para la persona que sufre, nada de esto significa nada: solo sirve para crear distancia entre ella y nosotros.

La mayoría de las veces, lo único que se requiere de nosotros es estar presentes y atentos a la persona. Si sentimos la necesidad de empatizar, mejor pasar a un estado silencioso, en el que miramos fijamente a los ojos de la persona y sintonizamos con su experiencia, completamente atentos. Solo hay que permanecer en silencio. Si el otro inicia la conversación, el objetivo es siempre dirigirlo de nuevo hacia su propio conocimiento consciente.

La incapacidad para convivir con el dolor de la vida, sea el del hijo o el nuestro, nos priva de algo importante, pues solo en la medida en que podemos estar con dolor somos también capaces de experimentar la alegría desenfrenada de la vida. En otras palabras, es la capacidad para experimentar el abrasador aguijón del dolor, sin aliviarlo, lo que nos faculta para recibir la alegría en toda su dimensión.

Todos queremos criar niños bondadosos que, cuando adultos, sean capaces de practicar el altruismo y adoptar conductas prosociales. Esto empieza mostrando empatía hacia el niño en las numerosísimas y sutiles interacciones que tenemos con él en la más temprana edad. Si el niño rompe nuestro jarrón favorito y le chillamos como si hubiera incendiado la casa, estamos enseñándole a retraerse en vez de comunicarse con el mundo. Así el chico comienza partiendo de la carencia y no de una sensación de plenitud. De esta manera, solo conseguimos reducir su capacidad para el altruismo en lugar de ampliarla.

«Empatía» es lo contrario de «disciplina». Mientras la empatía nos capacita tanto para tolerar el dolor como para disfrutar de la alegría, la disciplina reduce nuestra facultad para profundizar en la experiencia de otro con la alegría y el dolor. Como conlleva manipulación y control, la disciplina siempre limita la profundidad de nuestras experiencias vitales. De hecho, levanta una barrera de «prohibido el paso» en la autopista de la vida.

32

R de repetir, resolver

La **R** se refiere a repetir, resolver. Comencemos con el término «resolver», pues la finalidad de repetir y ensayar es la de resolver problemas. «Resolver» tiene un doble significado: para resolver conflictos, los padres necesitan resolución.

Resolver un conflicto, concluirlo, significa que el problema en cuestión se ha procesado del todo de manera que no se dejan en el aire restos emocionales engorrosos. Esto requiere de nosotros resolución, que más adelante llega a ser un rasgo de personalidad del que los hijos aprenden a hacer uso.

Veo a muchos padres atascados en situaciones no resueltas, enredados en la complejidad de los problemas, incapaces de encontrar una salida. Estar confuso y atascado ha acabado siendo el estado emocional por defecto. Muchos estamos acostumbrados a sentirnos maltratados por las situaciones y no somos capaces de mostrarnos positivos ante la vida. Desde un punto de vista emocional, esta negatividad es maligna y muy pronto desgasta todas las relaciones buenas que tenemos.

Cuando los pacientes acuden a mí diciendo que llevan años en un punto muerto sobre un problema con sus hijos, primero les pregunto si están dispuestos a cambiar su modo de pensar. Como es lógico, enseguida imaginan que han de hacer algo espectacular para cambiar la situación, por lo que les sorprende oír que el primer paso no es tan drástico, al menos no en el plano exterior. La primera medida que se debe tomar es exclusivamente interna, afecta a la mentalidad del individuo.

A los pacientes que afrontan dilemas no resueltos les explico que cada problema tiene solo tres soluciones posibles. Podemos cambiar la situación, aceptarla o no hacer nada. Si una de ellas es imposible, hemos de escoger entre las opciones restantes.

¿Cómo cambiamos una situación? Hemos hablado de cambiar primero nuestro paisaje interior. ¿Y después, qué? ¿Cómo ayudamos a los hijos a cambiar su conducta? Las herramientas más útiles son la repetición y el ensayo. Como he señalado antes, con los pacientes uso el juego de roles. A base de repetir y ensayar, el niño incorpora comportamientos nuevos a su psique. La repetición y el ensayo desarrollan un sentido de *dominio*.

Los padres suelen preguntarme esto: «¿Con qué frecuencia hemos de practicar el juego de roles?»

Y yo siempre contesto así: «El tiempo que tarde la nueva conducta en establecerse.» Si se trata de crear una rutina nueva, hará falta tiempo. En todo caso, el hecho de crear rutinas nuevas a la larga suscita un hábito. Este planteamiento respeta el hecho de que los niños no están siendo «malos», sino que simplemente carecen de una destreza .

Yo utilizo el juego de roles en una amplia gama de situaciones cotidianas. Es algo especialmente útil en etapas de transición, como los primeros días de escuela, cuando el niño sufre un auténtico colapso, y también en situaciones de conflicto. Cada miembro de la familia asume un papel diferente, de modo que representan, por turno, los diversos roles. Como cada uno ve cómo es tener la experiencia de los otros, se fomenta la percepción y la empatía. Cuando todos hemos experimentado lo que es estar en la piel de los demás, nos devanamos los sesos para encontrar soluciones, que también se representan.

Este enfoque no es un remedio de urgencia. Requiere paciencia, tiempo y a menudo colaboración compleja. A pesar de lo que dicen los padres, me parece que son pocos los dispuestos a invertir este nivel de energía para buscar soluciones viables. Hace falta un alto grado de determinación e inventiva.

Lo más difícil es que muchos de nosotros no queremos vernos obligados a elegir un enfoque concreto y mantenernos fieles al mismo, resueltos a seguir con él hasta el final. «Si no están decididos a cambiar la situación —digo a los padres—, a hacer lo que sea preciso a tal fin, acéptenla. En todo caso, no pueden asumir el statu quo *y* a la vez estar disgustados. Cambiar las cosas o aceptarlas es algo que les corresponde a ustedes, y tras haber tomado la decisión, hay que mostrarse satisfecho con ella.»

> El elemento clave es que, por mucho que decidamos afrontar un problema determinado, los hijos necesitan crecer en un ambiente en el que sean respetados como espíritus efervescentes con un anteproyecto exclusivo.

Los recursos van de la mano con la resolución, se alimentan mutuamente. El elemento clave es que, por mucho que decidamos afrontar un problema determinado, los hijos necesitan crecer en un ambiente en el que sean respetados como espíritus efervescentes con un anteproyecto exclusivo. En un ambiente así, aprenden a confiar en su voz interior, así como a explotar su capacidad intrínseca para enfrentarse a las circunstancias de la vida. Como han sido criados en un entorno que los guía hacia su propio conocimiento consciente, al aceptar todos sus sentimientos —no solo los que son «aceptables»— no tienen miedo de sentirse tristes, solos o disgustados. Tampoco sienten la necesidad de protegerse de experiencias capaces de suscitar estos sentimientos. Así, viven con una receptividad que les permite resolver las dificultades a medida que surgen, de modo que prosperan como seres con recursos.

Una actitud de resolución interna sólida prepara al niño no solo para los retos de la vida, sino también para una existencia llena de aventuras. Si los padres han sintonizado con la resiliencia connatural del hijo, este es capaz de recurrir a sus cualidades en vez de quedarse paralizado por sus limitaciones. Educado para entender que su yo completo está formado por sus puntos fuertes y débiles, no se ve en la necesidad de rechazar lo imperfecto que haya en él. De hecho, intuye que, precisamente, eso le hace humano y, en consecuencia, capaz de relacionarse.

Aunque, en el ámbito de la educación de los hijos, los planteamientos punitivos se encuentran muy extendidos, los enfoques demasiado almibarados también están de moda en la actualidad, lo cual significa que muchos padres dicen a su hijo cosas como: «Oh, eres especial.» Se supone que esto ha de inspirar al niño, fomentar su autoestima. Sin embargo, suele pasar lo contrario. Los niños aprenden a tener un falso sentido de sí mismos basado en las convicciones de los *padres*, en vez de un auténtico sentido del yo cimentado en su *propia* competencia. Si decimos a un niño que es «especial», podemos transmitirle la sensación de que está por encima de los demás, lo cual trae consigo el sutil mensaje de que «... y por tanto cabe esperar que rindas más que los otros». Esto es básicamente distinto de decirle lo adorable que es tal cual es, aceptándolo por completo y animándolo a mantenerse fiel a ese individuo excepcional que es.

Decir que un niño es «especial» también supone el peligro de favorecer un sentido de fatuidad, que viene a ser un concepto hinchado de nosotros mismos y de nuestras capacidades. Por muy de moda que esté decirle a un niño que «puede ser cualquier cosa que se proponga», esto simplemente no es verdad. Y no solo no es verdad, sino que la idea general de «ser especial» y de poder alcanzar lo que quiera es la antítesis de la aceptación completa e incondicional del niño exactamente tal como es en su singularidad como individuo, aunque no destaque en nada y lleve una vida corriente. En vez de transmitir al niño un mensaje genérico como «puedes ser cualquier cosa que te propongas», es más provechoso decir «si eres tú, simplemente, en lugar de copiar a otro o intentar ser lo que alguien cree que has de ser, encontrarás una forma de expresar quién eres en el mundo. Siendo tú sin más, crearás un camino para tu vida que no solo será realista, sino que además te respetará como persona». De esta manera, pasamos a centrarnos en la comunión interior del niño con su yo más profundo, en contraposición con una fantasía presuntuosa que no está en consonancia con su esencia. Esto evita problemas como el de las chicas que fantasean con llegar a ser modelos y que a menudo pasan hambre para parecerse a las maniquíes de las revistas, y ello a pesar de no tener el tipo de cuerpo adecuado para ello.

Es fundamental darse cuenta de que desarrollar la determinación de vivir una vida fructífera es algo que el niño hace por *sí solo*, mediante sus propios descubrimientos. No se puede imponer de forma artificial, pues se trata de un subproducto natural de su evolución gradual cuando se le educa en un ambiente en el que los padres lo guían una y otra vez hacia su propia verdad.

La valía de un niño no reside en cómo lo ven los demás, sino en la conciencia que tiene él de su singularidad. Esto no tiene nada que ver con su desempeño en la escuela, en el patio de recreo o en el grupo de amigos. Cuando medimos el sentido del yo de un niño con estos barómetros externos no se

Es fundamental darse cuenta de que desarrollar la determinación de vivir una vida fructífera es algo que el niño hace por *sí solo*, mediante sus propios descubrimientos. No se puede imponer de forma artificial, pues se trata de un subproducto de su evolución gradual cuando se le educa en un ambiente en el que los padres lo guían una y otra vez para que encuentre su propia verdad.

desarrolla resolución, sino fragilidad. Si retiramos los apoyos externos, el sentido de valía del niño tiende a desmoronarse, y con él, su capacidad para funcionar bien.

Si un niño desarrolla determinación por sí mismo, está en condiciones de explorar su potencial sin reprimirse. En cambio, una persona joven desprovista de determinación que salga al mundo a «ser todo lo que puede ser» es, a la larga, susceptible de venirse abajo, experiencia que habitualmente conocemos como «crisis de los cuarenta».

En otras palabras, todo lo que hemos abarcado hasta ahora sobre posibilitar que la vida de un niño se desarrolle sobre una base auténtica, no como respuesta a nuestra actitud engatusadora y manipuladora, prepara al chico que se incorpora a la edad adulta para construir su futuro sobre roca sólida, no asentado en arenas movedizas. Como no pretende ser lo que los padres quieren que sea, sino que está resuelto a convertirse en el individuo único que ya es, construye con seguridad y confianza, evitando la típica crisis de los cuarenta que sobreviene debido a la falta de una identidad firme y estable. La razón es muy simple: no hay una vida falsa que se desmorone en torno a la persona, ni ningún verdadero yo desconocido esperando a ser descubierto entre los escombros.

Al criar al niño sin imponerle disciplina a fin de reforzar su propia determinación, estamos buscando un desarrollo de largo alcance más que objetivos a corto plazo. Estamos permitiendo que el huerto crezca y madure para que produzca espontáneamente una extraordinaria cosecha de manzanas, en vez de que haya manzanas bien sujetas a las ramas de vistosos manzanos para que el huerto «parezca» exuberante al observador ocasional... hasta que, cómo no, las manzanas se pudren y caen al suelo como lo que son: mera farsa.

Al criar al niño sin imponerle disciplina a fin de reforzar su propia determinación, estamos buscando un desarrollo de largo alcance más que objetivos a corto plazo.

Epílogo

Si nos alejamos de la idea de control y disciplina, para muchos padres se plantea una situación que choca con lo que les han enseñado y el modo en que han sido educados. Este cambio les exige tomar conciencia del problema a la vez que se liberan de su condicionamiento y adoptan un nuevo modo de proceder.

Cabe presumir que, a lo largo del camino, habrá tantos contratiempos como saltos adelante, y en abundancia. Hay momentos en los que somos capaces de fluir con la vida en su estado «tal cual», plenamente conscientes de nuestros sentimientos y conectados con los de los demás. En momentos así experimentamos una amplitud interior que nos permite estar presentes con los sentimientos de los otros sin vernos arrastrados a sus dramas. Aun así, un simple error o un pequeño incidente del entorno pueden desviarnos del camino. De repente, nuestra energía cambia y entramos en un estado inconsciente.

Esto suele pasar cuando algo nos provoca ansiedad. La ansiedad puede surgir debido a que se haya sentido amenazada nuestra sensación de aptitud o porque se haya visto en peligro nuestra seguridad. En los conflictos no resueltos de los padres, los hijos pueden ser como la gasolina y las cerillas. Estos conflictos suelen producirse de manera imperceptible y resulta difícil identificarlos. En momentos así necesitamos recurrir al control. Los miembros de la familia lo notan enseguida y quizá no teman de señalarlo. Entonces la cuestión es si hacemos caso de su aportación y nos tomamos la molestia de volver a centrarnos. Como es lógico, si estamos en un estado de desorden interno, es difícil ser abierto y aceptar *feedback*, sobre todo si va en contra de lo que queremos oír. Sin embargo, precisamente en estos momentos contamos con la oportunidad de liberar nuestras vibraciones negativas y cambiar de dirección.

Pero ¿cómo cambiamos de dirección cuando estamos furiosos? ¿Cómo conseguimos esta autodisciplina?

Por supuesto, es difícil desprendernos de las reacciones emocionales cuando estamos en plena acción. Ello conlleva abandonar nuestra película mental según la cual las cosas deberían pasar de determinada manera. Teniendo en cuenta el tiempo, el esfuerzo y el dinero invertidos en una dirección concreta, somos reacios a tomar otro rumbo. De ahí que nos indignemos ante lo que está ocurriendo y luchemos por lograr que las cosas vuelvan a ser como creemos que deberían ser.

Aunque veamos la necesidad de controlar nuestra furia, quizá pensemos que echarse atrás se considerará una señal de debilidad. ¿Cómo podemos retirarnos sin más en mitad del conflicto?

Cada vez que tenemos una pelea, nos preparamos para la pérdida. En momentos así no estamos centrados en nosotros mismos ni atentos al momento presente. La cuestión es la siguiente: ¿cuánto tiempo vamos a permitir que el pasado dirija nuestra vida? ¿Cuánto tiempo vamos a luchar contra fantasmas de otra época?

Tras la historia de cada progenitor hay un niño al que, hasta cierto punto, se le impidió desarrollar su auténtico yo. Tras vivir esta historia, ahora nosotros, mediante engaños, negamos a los hijos el derecho a expresarse con arreglo a su carácter único. Al recurrir a la disciplina para que se parezcan más a nosotros, los machacamos igual que nosotros fuimos machacados.

Los hijos llegan con una integridad y una valía innatas. Acuden a nosotros con la esperanza de que cultivaremos en ellos una conciencia de su valía y su integridad. Si les traicionamos debido al condicionamiento de nuestro pasado, les negamos el derecho fundamental a ser quienes son.

Los hijos merecen ser criados por padres que estén viajando hacia la integridad y el descubrimiento de su valía, pues es así como se desarrollarán también la integridad y el sentido de valía en los niños: es su derecho y nuestra vocación en la sagrada tarea de la labor parental.

Los hijos merecen ser criados por padres que estén viajando hacia la integridad y el descubrimiento de su valía, pues así es como se desarrollarán también la integridad y el sentido de valía en los niños: es su derecho y nuestra vocación en la sagrada tarea de la labor parental.

Consejos para permanecer cuerdos en la zona de conflicto

1. No te enganches

Es importante ser capaz de identificar las maneras en que los niños nos hacen estallar. ¿Es su mala educación? ¿Son los deberes escolares? ¿La hora de acostarse? ¿El ordenador? ¿Qué ámbitos nos suponen dificultades? En cuanto conocemos las causas, cuando vemos que nos enganchamos, lo primero que hemos de hacer es una *pausa*. Es el momento de dar un paso atrás, distanciarse de la situación y respirar hasta calmarnos. Esto nos permite desactivar la situación durante unos instantes, lo que nos procura el margen necesario para contenernos y evitar así ser demasiado reactivos.

2. No es nada personal

Aunque los hijos suelen ocupar el centro de nuestra existencia, conviene recordar que nosotros no ocupamos el centro de la suya. Si acaso, para ellos somos una carga pesada buena parte del tiempo, algo que entorpece su conexión natural con la alegría y la diversión de la vida cuando se vive de forma espontánea. Cuando los niños nos expresan falta de respeto o enfado, hemos de recordar que están manifestando sentimientos que tienen más que ver con su mundo interior que con nosotros. Si nos introducimos en la ecuación y permitimos que las emociones nos hagan explotar, perdemos la perspectiva y acto seguido se esfuma nuestra capacidad para ser guía y apoyo de los hijos.

3. Concédete un respiro

En vez de castigar al niño mandándolo a su cuarto, intenta salir de la habitación. Si es preciso, ve a tu dormitorio o sal a la calle. O enciende la televisión. Se trata de hacer algo que te aparte de tu tendencia a reaccionar. Cuando te alejas de la situación, empiezas a ver las cosas desde otra óptica. Si el hijo no te está escuchando, en lugar de rogarle, suplicarle y engatusarle, di sin más: «Voy a salir de la habitación un rato.» Dilo con calma pero con firmeza. Al distanciarte, te concedes a ti mismo y concedes a tu hijo un muy necesario espacio para respirar, lo cual favorece la tranquilidad de ambos. Llama a un amigo, escribe en tu diario, da un paseo, lee un libro..., cualquier cosa que te procure perspectiva.

4. Respira

Aprender a concentrarse en la respiración es una valiosa herramienta para ayudar a calmar nuestros airados pensamientos. La mejor destreza es llevar conciencia a la respiración. Nos quedamos quietos sin más y observamos la inspiración y la espiración.

5. Imagina que todo el mundo está mirándote

Cada vez que estés furioso y a punto de reaccionar, puede ser de ayuda imaginar que estás en medio de una habitación abarrotada y que todos tienen los ojos puestos en ti. ¿Cómo reaccionarías si determinadas personas que son importantes para ti estuvieran mirándote? ¿Gritarías y chillarías? Si te imaginas en público, eres consciente de tu imagen ante los demás, lo que acaso te ayude a recuperar tu sentido de la perspectiva.

6. Habla a través de los sentimientos

Una de las herramientas más útiles que tenemos es la capacidad para comunicarnos. En vez de ponernos furiosos, podemos hablar a través de los sentimientos. Si no estamos lo bastante calmados para hablar de manera productiva, podemos decir esto: «Ahora mismo me siento frustrado. Sería mejor para los dos interrumpir de momento la conversación.»

7. Ríete de la situación

El humor es una de las estrategias más efectivas para aplacar la tensión y alterar la energía de una situación. Puedes cantar, bailar, convertir un momento grave en una parodia o inventar un juego. Es importante que procures evitar el sarcasmo y que no pases por alto los sentimientos de los niños. La vida, incesantemente creativa, nos hace señas para que seamos personas más alegres y espontáneas.

8. Utiliza el «cuando... entonces»

Enseña a tu hijo a crear contigo soluciones que funcionen para ambas partes. Usa el principio «cuando... entonces». Explícale que sus necesidades son tan importantes como las tuyas, y que vivir en armonía significa en parte encontrar los medios para que se satisfagan las necesidades esenciales de la persona. Piensa en «tanto... como» en vez de insistir solo en un camino.

9. Plantea la opción de cambiar las cosas o aceptarlas

Recuerda que, en tu reacción ante las situaciones, siempre tienes más de una opción. Si no estás dispuesto a hacer lo que haga falta para cambiar una situación, no eches la culpa a tu hijo por su comportamiento. Acepta la situación y no vuelvas a considerarla un problema. De este modo, al menos modificarás la dinámica de la relación con tu hijo.

10. Todos somos uno

En su interior, tu hijo es como tú, tiene aspiraciones, ideales, frustraciones y necesidades similares. En vez de proyectar continuamente en el niño motivos negativos, da un paso atrás y reformula su conducta mediante una óptica positiva. El niño está comunicándote algo en todas sus acciones. Es ahí donde estableces conexión y creas un sentido de unidad con él.

Maneras ingeniosas de reforzar positivamente a tu hijo sin imponer disciplina

El refuerzo positivo es un método para enseñar a los niños que sus objetivos son alcanzables y dignos de elogio. Las estrategias de refuerzo positivo son un apéndice del viaje parental.

Hay una salvedad, no obstante: estas estrategias no pueden sustituir el verdadero fundamento del proceso parental, la relación entre padres e hijo. Si los padres se basan en motivadores externos, los hijos no aprenden a fijar y alcanzar sus objetivos. La finalidad primordial de la crianza parental es estimular al niño en la iniciación por sí mismo, la motivación propia y la realización personal.

Los refuerzos han de tener naturaleza relacional y experiencial. Se pueden utilizar para ayudar a un niño a llevar a cabo tareas como estudiar para un examen, hacer tareas domésticas, mejorar sus modales en la mesa o dejar de pegar. He aquí quince estrategias que han resultado provechosas para mis pacientes:

1) **TARRO DE DIVERSIÓN:** Pon un tarro en la habitación de tu hijo. Mete en el tarro diferentes papelitos en los que habrás anotado actividades y experiencias que a tu hijo le gusta compartir contigo o con sus amigos. Cada semana que alcan-

ce determinado objetivo, tu hijo coge un papelito y disfruta de esa actividad.

2) **FEEDBACK de 360 grados**: Una vez a la semana, todos los miembros de la familia se sientan y practican un *feedback* mutuo sobre aportaciones básicas: quehaceres domésticos, cooperación con los demás, objetivos cumplidos, salud, respeto, etcétera. Cada uno escribe una línea sobre los demás y sobre sí mismo. A continuación se discuten maneras de ayudar a la persona a alcanzar sus fines. Es un método sensacional para que los integrantes de la familia compartan sus sentimientos, así como un maravilloso instrumento de modelado para que los niños sean testigos de que sus padres son sinceros respecto a sus propias limitaciones y a su voluntad de abordar los problemas.

3) **JUEGOS DE ROL**: Una vez a la semana, cada miembro de la familia piensa en una situación ocurrida durante ese tiempo que haya sido positiva o negativa; y representa la situación bien con las personas implicadas, bien con otros miembros de la familia que asuman el papel. Después se discute lo que ha funcionado y lo que no en la situación, y por qué.

4) **CONFECCIÓN DE GRÁFICOS**: Los niños confeccionan sus propios gráficos todas las semanas. Exponen lo que desean hacer durante la semana, describen cómo se sentirán en cuanto lo hayan hecho y deciden cómo les gustaría recompensarse. Ninguna de las recompensas conlleva que los padres les compren nada. Los niños pueden proponer juegos o actividades en que todos los integrantes de la familia pueden participar como refuerzos. La confección de gráficos da a los niños la oportunidad de organizar sus deseos a la vez que los estimula para descubrir maneras de satisfacer estos deseos por su cuenta.

5) **ELECCIÓN DEL MENÚ PARA LA CENA**: A los niños que alcanzan sus objetivos se les concede la oportunidad de

escoger el menú para la noche. De este modo pueden implicarse en la planificación y ejecución de la comida, lo que también les ofrece la posibilidad de prestar atención a las preferencias alimentarias de los otros miembros de la familia.

6) CAJA DE TESOROS: Los padres llenan una caja con lápices de colores, gomas de borrar y rotuladores que los niños pueden coger una vez a la semana para reforzar las conductas y tareas realizadas. Los padres pueden convertir esto en un rato divertido para los hijos mientras estos recogen su «premio».

7) MOMENTO DE SILENCIO: En vez de castigar a los hijos por su mala conducta, los padres pueden utilizar estas oportunidades para fomentar la calma en la vida de los pequeños. Por ejemplo, si un niño es grosero o pega a alguien, los padres pueden apartarlo con tacto a un lado y conducirlo a un momento de silencio. Hay que hacerle saber que toca hacer una breve pausa y entrar en una fase de quietud. Entonces el progenitor se sienta con él y le explica cómo se hace. Al cabo de un par de minutos, es posible dirigir al niño hacia una conversación sobre su mal comportamiento, así como elogiarlo y felicitarlo por haber sido capaz de quedarse en silencio durante una emoción difícil.

8) DIVERSIÓN DE LA ALARMA: En lugar de hacer de policía con tu hijo, introduce el poder de las alarmas. Compra a tu hijo unas cuantas alarmas divertidas y fáciles de usar y prográmalas para las actividades del día: deberes escolares, baño, lectura, hora de acostarse. Cuando el niño termina todas las tareas en el momento adecuado, puede marcar el día en un gráfico. Al final de la semana, tiene un obsequio de la caja de tesoros o del tarro de diversión.

9) GRABA A TU HIJO EN VÍDEO: Como esto puede ser un refuerzo delicado, hay que utilizarlo con el consentimiento del niño. Si está teniendo una conducta positiva, se le puede grabar. Al final de la semana, se crea un *collage* de estas pe-

lículas para la familia. Cuando un niño se ve «en la pantalla», exhibiendo buena conducta, es más fácil motivarlo para que siga portándose así. Esto también contribuye a que el conjunto de la familia lo elogie y lo motive.

10) **DEJA QUE EL NIÑO SEA EL PROFESOR:** El mejor sistema para lograr que los hijos aprendan una conducta es favorecer que enseñen esta conducta a alguien. Dejemos que el hijo sea el profesor y que instruya a los padres en la conducta. Esto no solo elevará su autoestima, sino que también ayudará a que la conducta arraigue con más eficacia que si nos limitamos a decirles lo que han de hacer. Un buen ejemplo de esto es el de permitir al niño escoger la actividad de la noche y, con la participación de toda la familia, prepararse para ella de antemano.

11) **LA FIESTA DE LOS MODALES:** Si tu hijo tiene un problema con los modales, organiza una fiesta de los modales. Escoge unas cuantas películas en las que la gente muestre una educación impecable y observa los fragmentos. Después practica y organiza una fiesta. Distribuye té, tazas y galletas, y finge seguir las normas de la etiqueta al pie de la letra.

12) **ESCALERA DE LOS DESAFÍOS:** Dibuja una escalera de desafíos en una hoja grande de papel y pégala en la pared. En cada peldaño, escribe diferentes grados de un desafío. Por ejemplo, si el objetivo fundamental es leer un libro difícil, el niño puede empezar «leyendo dos páginas en voz alta con mamá», y luego pasar a «leer dos páginas a solas», etcétera. Esto le permite sentirse realizado incluso cuando no es capaz de completar la importante tarea que tiene entre manos. También le enseña que cualquier tarea importante se puede descomponer en fases más pequeñas y asequibles. Para los padres resulta útil tener una gráfica similar en su habitación con un objetivo que se hayan propuesto.

13) **¿QUÉ RIESGO HE ASUMIDO HOY?:** Sentados a la mesa, mantened una conversación sobre la conveniencia de

asumir riesgos y, sobre todo, la importancia de cometer errores. Enseña a tus hijos que si no se sienten cómodos con los errores, jamás aceptarán nuevos desafíos. Este ejercicio actúa como refuerzo para aprender conductas nuevas y cuestionarse uno mismo. Se trata de reunir a la familia en torno a la mesa para que cada uno explique la metedura de pata más gorda del día; puede ser no haber hecho ejercicio, haber estado torpe en clase de piano o haber olvidado el cumpleaños de alguien. Cuanto mayor sea el fallo, más fuerte será el aplauso. Esto enseña a los niños a no avergonzarse de sus errores y a reconocerlos sin miedo a las reprimendas o la desaprobación. También se pueden discutir métodos que permitan mejorar.

14) UN RATO CON PAPÁ O MAMÁ: Se trata de un refuerzo popular. Si el niño ha conseguido sus objetivos, puede escoger una actividad especial con papá o mamá, y pasar tiempo con uno u otro. Esto tiene como finalidad reforzar la conducta así como consolidar la conexión entre padres e hijo.

15) NOTAS DE AMOR: Déjale notas a tu hijo en su caja del almuerzo o en sitios al azar, como el estuche de lápices, el espejo del baño o los zapatos. Hay que ser preciso en cuanto a la conducta de la que te sientes orgulloso y por qué. Cuanto más preciso seas, más significativo será el refuerzo. Es mejor centrarse en las conductas orientadas al proceso que recalcar las que se enfocan en los resultados. Por ejemplo, es mejor decir: «Estoy realmente orgulloso de que pasaras diez minutos más practicando esta difícil pieza en el violoncelo. Vi lo cansado que estabas, pero igualmente te esforzaste a tope. ¡Eres estupendo!»

Mi hija

Mi hija no es un caballete en el que pintar
Ni un diamante que haya que pulir
Mi hija no es un trofeo que compartir con el mundo
Ni una insignia de honor
Mi hija no es una idea, una expectativa ni una fantasía
Ni mi reflejo ni mi legado
Mi hija no es una marioneta ni un proyecto
Ni mi esfuerzo ni mi deseo

Mi hija está aquí para revolver, tropezar, probar y llorar
Aprender y enredar
Fallar y volver a intentarlo
Escuchar el ritmo de un tambor desvaneciéndose en nuestros
    oídos adultos
Y bailar al compás de una canción que se deleita en la libertad

Mi cometido consiste en hacerme a un lado
Mantener las posibilidades infinitas
Curar mis propias heridas
Ser amable conmigo misma
Y dejar a mi hija volar

Doctora SHEFALI TSABARY

Recursos

Si un hijo tuyo parece tener dificultades más allá de las normales del crecimiento, quizá quieras plantearte la posibilidad de conseguir ayuda profesional. Hay varias maneras de hacerlo.

Una de ellas es llamar al seguro médico, que está en contacto con una amplia variedad de profesionales dedicados a áreas concretas.

Si el niño está en edad escolar, también puedes ponerte en contacto con el consejero del centro educativo, que seguramente sugerirá la evaluación neurológica y psicológica pertinente. En cuanto se haya hecho una valoración de los puntos fuertes y de las limitaciones del niño, el asesor hará recomendaciones específicas.

Hay varias páginas web que pueden ser de utilidad:

The American Academy of Child and Adolescent (Academia americana de psiquiatría infantil y adolescente):
www.aacap.org

La siguiente página será especialmente útil:
http://www.aacap.org/AACAP/Families_and_Youth/
*Facts_for_Families/Facts_for_Families_Pages/Where_To_*
Find_Help_for_Your_Child_25.aspx

The American Psychological Association
(Asociación americana de psicología):
http://www.apa.org

También de la doctora Shefali Tsabary

Escrito por Shefali Tsabary, autora de Nemaste Publishing, con prólogo del Dalai Lama y grandes elogios de autores como Eckhart Tolle, Marianne Wiliamson, Marci Shimoff, Laura Berman Fortgang y otros personajes destacados en el campo de los estilos parentales, este libro ha ganado el Gold Nautilus Book Award, el Gold Mom's Choice Book Award y el Skipping Stones Book Award.

El innovador estilo parental de la doctora Tsabary reconoce la capacidad del niño para provocar una profunda introspección, lo que da lugar a la transformación de los padres. En vez de ser simples receptores de cierto legado psicológico y espiritual, los hijos funcionan como facilitadores del desarrollo de sus padres.

En la medida en que los padres están aprendiendo junto a los hijos, las palabras «poder», «control» y «dominación» pasan a pertenecer a un lenguaje arcaico. En lugar de ello, el viaje que comparten los padres con su hijo se centra en la afinidad mutua y la asociación espiritual.

Los padres transmiten sin darse cuenta una herencia de dolor psicológico y superficialidad emocional. Para gestionar la conducta derivada de esto, abundan los libros tradicionales sobre labor parental, que incluyen ingeniosas técnicas para el control y soluciones rápidas para la disfuncionalidad.

En cambio, según el enfoque consciente de la doctora Tsabary, los niños funcionan como espejos del yo olvidado de los padres.

Los padres dispuestos a mirarse en el espejo tienen la oportunidad de establecer una relación con su propio estado interno de integridad.

En cuanto los padres encuentran el camino de vuelta a su esencia, entran en comunión con los hijos. Las columnas del ego parental se desmoronan a medida que los padres son conscientes de la capacidad de sus hijos para transportarles a un estado de presencia.

Disponible en *www.namastepublishing.com*

Agradecimientos

A Constance Kellough; tu confianza, tu fe y tu apoyo han sido valiosísimos. Sin tu punto de vista, nada de esto habría llegado a término. Mi máxima gratitud.

A David Robert Ord; tu colaboración y tu talento editorial han sido la columna vertebral de este libro. Tu presencia en mi vida es uno de mis regalos más preciados.

A todos los pacientes que me han permitido entrar en su vida; vuestro coraje en busca del cambio es inspirador.

A mi familia; sois mi mayor bendición, mi paisaje psíquico, mis cimientos emocionales. Nuestra relación es mi mundo.

A mi hija Maia; solo puedo aspirar a una pizca de tu autonomía personal y tu asunción de poder. Eres mi mayor maestra.

A mi esposo Oz; viste que yo no podía y seguiste creyendo en mí cuando abandoné. Eres mi roca; nuestra relación es mi fuego.

Índice

ELOGIOS A *SIN CONTROL*

La doctora Shefali ofrece una fórmula progresista para ayudar a nuestros hijos a llegar a ser lo que se propongan. Este libro transforma nuestra comprensión del control y la disciplina y nos estimula a evolucionar hacia la sabiduría.

MALLIKA CHOPRA,
fundadora de Intent.com

El mensaje de la doctora va a la raíz de por qué tenemos conflictos con los hijos y enseña a los padres a manejar dichos conflictos de una manera distinta. Su propósito es hallar soluciones que den como resultado niños más capaces y una relación más estrecha entre padres e hijos. Tras leer este profundo libro, serás un padre o una madre más fuerte y efectivo.

DOCTORA LAURA MARKHAM,
autora de *Peaceful Parent, Happy Kids*

Una guía increíblemente profunda, sensata y práctica que cambiará el punto de vista de los padres sobre los hijos y nuestra forma de enfocar la vida familiar. ¡Ya es hora de dejar de agobiar a los que están creciendo! Este es el libro que nos orientará hacia un estilo diferente, con más conciencia, conexión y amor.

CARRIE CONTEY, autora de
CALMS: A Guide to Soothing Your Baby

Sin control transformará la relación con tus hijos al tiempo que te ayuda a llegar a ser el padre o la madre que siempre soñaste ser. El magnífico libro de la doctora Shefali rebosa de saber práctico, ¡y lo recomendamos encarecidamente a todos los padres!

BARBARA NICHOLSON y LYSA PARKER,
cofundadoras de Attachment
Parenting International
y coautoras de *Attached at the Heart*

Una obra potente que ayudará a las familias a transformar para siempre sus relaciones. Este libro va directo al núcleo de los problemas que compartimos con los hijos y nos procura una vía clara para convertir las dificultades en lecciones eficaces.

AMY MCCREADY, fundadora de
Positive Parenting Solutions y autora
de *If I Have to Tell You One More Time*

El provocador título de la doctora Shefali no decepciona. Con pasión, compasión y sabiduría adquiridas gracias a sus propios errores parentales y a sus experiencias y a sus investigaciones clínicas, pone hábilmente de manifiesto por qué los estilos parentales autoritarios, el control de los hijos y el castigo de la desobediencia no conducen a los objetivos ni a la relación que deseamos con ellos. Mejor aún, ¡nos explica cómo se alcanzan!

Keith Zafren, fundador de
Great Dads Project y autor de
*How to Be a Great Dad —No Matter What
Kind of Father You Had*

La doctora Shefali ha vuelto a hacerlo, ha ampliado la lente del estilo parental hasta el mismo meollo del asunto, y esta vez se ha centrado en cómo imponemos disciplina a los hijos y por qué. Como pasó con su último libro, *Padres conscientes*, le da totalmente la vuelta a la tradicional relación entre padres e hijos para que, como progenitores, podamos mirar con nuevos ojos. *Sin control* ofrece indicadores bien definidos que se pueden utilizar para desprendernos de estilos anticuados basados en el control de los hijos. La doctora Shefali siempre sugiere una invitación clara y profunda para elevar nuestro estilo parental a nuevas cotas, y este libro sigue esta misma línea. El lector ya no volverá a enfocar la disciplina de la misma manera y permitirá que florezca una relación entre almas, más que entre roles, amén de una reactivada totalidad tanto en los padres como en los hijos. Recomiendo sin reservas la rica y elaborada creación de la doctora Shefali sobre lo que significa realmente ser un padre efectivo.

Annie Burnside, galardonada autora
de *Soul to Soul Parenting*

¡Reconfortante, retador, transformador! Este libro recoge una profunda y larga mirada a nuestro papel como padres y lo que significa realmente enseñar a los hijos autodisciplina, autenticidad o atribución de poder. Hace falta un padre atrevido que dé los primeros pasos hacia el compromiso consciente. Este libro te acompañará en este viaje con sabiduría: a veces mediante un ligero codazo; otras, con un fuerte empujón. En cualquier caso, ¡acabarás dando un gigantesco paso adelante!

LORI PETRO, portavoz, madre-educadora
y fundadora de TEACH through Love

Profundo e innovador, este libro se distingue de otros en que crea un enfoque totalmente nuevo de la disciplina infantil. De forma brillante e instantánea, la doctora Shefali vuelve accesible el complejo tema al ofrecer a los padres una guía clara, útil y valiosísima. El libro es un regalo para nuestros hijos y para todos aquellos a quienes preocupa de veras el futuro y el potencial de los niños.

JESSE A. METZGER, doctor, psicólogo clínico

Pocas veces aparece un libro capaz de cambiar tu esencia y catapultarte hacia una nueva manera de pensar, de sentir y de comportarte. ¡*Sin control* es un libro así! Llega hasta la esencia de por qué tenemos conflictos con los niños y nos desafía a implicarnos con los hijos desde una posición totalmente nueva: mucho más evolucionada, libre y dichosa.

JULIE KLEINHANSM, experta
en transformación educacional, formadora titulada,
profesora y consejera de padres y jóvenes

Sin control es un libro magnífico sobre el principal cometido de la sociedad: cuidar, criar y honrar a sus niños. La doctora Shefali desmonta hábilmente nuestra más antigua herramienta, la disciplina, y nos proporciona instrucciones concretas sobre cómo podemos ayudar a nuestros hijos a llegar a ser felices, sanos, seguros de sí mismos y capaces de autorregularse. Y curiosamente, ¡lo hace sin sermones! De lectura obligatoria para padres y educadores.

SAIRA RAO, presidenta
de In This Together Media

Este libro lo cambia todo. Desbarata la noción entera de disciplina y nos muestra un método nuevo, un método revolucionario que consigue resultados. Si quieres que tus hijos y tu relación con ellos evolucione y prospere, ¡has de leer este libro!

BELINDA ANDERSON, formadora personal
y autora de *Living from the Inside Out*

¡Un libro sobre estilos parentales magníficamente escrito, perspicaz y reconfortante! *Sin control* invita a los padres a pasar del arcaico enfoque «crimen y castigo» de la mala conducta a un paradigma nuevo que les enseña a aprovechar de forma sistemática el poder de las consecuencias naturales a fin de criar a los hijos para que sean más responsables, empáticos y resilientes.

DAVINA KOTULSKI, doctora,
escritora y psicóloga

En su misión por cambiar nuestras perspectivas sobre el estilo parental, la doctora Shefali lo observa todo. Se atreve a desafiar los paradigmas culturales que han acabado quedando desfasados y resultan contraproducentes a la hora de crear las experiencias positivas que deseamos para nuestros hijos. Tras leer este libro, cada padre/madre iniciará la búsqueda de la autorreflexión sincera, la percepción y, en última instancia, el cambio. Este es el mejor regalo que podemos hacer a nuestros hijos: nuestro propio crecimiento.

MICHAEL MATALUNI, director
de Kick Ass Dad/Passionate Parenting
In A Volatile World

La doctora Shefali nos explica que solo aceptando primero nuestro verdadero yo podremos conectar y celebrar luego el verdadero yo de nuestro hijo. Mediante esta conexión entramos en el valiosísimo «intersticio» de la vulnerabilidad, la curiosidad, la empatía y la sintonía. La disciplina tradicional, en sus diversas formas, inhibe esta conexión. El libro de la doctora Shefali expresa una nueva manera de enfocar comportamientos y estadios problemáticos para profundizar en la conexión con los hijos y curar su dolor y el nuestro.

SUSAN NORTHRUP ELDREDGE,
LCSW (asistente social clínica titulada),
psicoterapeuta

La doctora Shefali ha dado otra vez en el clavo. De nuevo nos demuestra que en realidad los estilos parentales tienen que ver *sobre todo* con nosotros mismos. Al poner de manifiesto nuestras ansiedades más sombrías, nos explica cómo contaminamos el desarrollo de los hijos en vez de potenciarlo. Es un libro de lectura obligada para todos los padres que deseen elevar a otro nivel su estilo parental. Ha alterado irrevocablemente mi modo de pensar dentro y fuera de mi rol parental.

BEVERLEY ANDERSON, especialista en autismo

Ojalá hubiera leído *Sin control* en mis primeros años de madre y profesora. ¡Ni se me pasaba por la cabeza que estaba utilizando métodos de disciplina que en realidad iban en mi contra! Este libro expone claramente por qué adoptamos patrones disfuncionales con los hijos y qué hemos de hacer para evitarlos. El libro ha cambiado totalmente mi forma de enseñar y de ser madre. Ojalá todos los padres y profesores pudieran experimentar la transformación que a mí me ha proporcionado.

MALINI HORIUCHI,
profesora y madre, Nueva York

Leer *Sin control*, el fantástico libro de la doctora Shefali, puede ser doloroso, como puede serlo mirar demasiado tiempo en el espejo una singularidad facial que aborrecemos. Acaso reconozcas algunas verdades inquietantes sobre ti mismo y tu estilo parental. Pero mediante anécdotas llenas de vitalidad y percepciones sensatas, la doctora Shefali remodela estas verdades horribles y las convierte en faros de luz. Al final del libro, nos sentimos provistos de la fuerza y de los conocimientos necesarios para romper el ciclo de control y comenzar una nueva era parental, en nuestro propio beneficio y en el de los hijos. Duro pero justo, contundente pero magníficamente escrito, *Sin control* es de lectura obligatoria para cualquier padre que se sienta incómodo con su forma de manejar la disciplina y necesite orientación.

SUZANNE COBB, editora de *Kids in the House*

¡*Sin control* es un libro brillante y potente! Las percepciones y la sabiduría contenidas en sus páginas transformarán totalmente la relación de cualquier padre con sus hijos para mejor. Como madre de dos hijos, de 13 y 12 años, he experimentado de primera mano que basar la crianza en la disciplina fracasa una y otra vez, pero me he visto sin alternativas. La doctora Shefali las ofrece aquí, y son pura excelencia. ¡Todos los padres deberían leer este libro!

STEPHANIE GUILBAUD, madre de dos hijos

Sin control, el nuevo trabajo de la doctora Shefali, es el libro sobre estilos parentales que todos estábamos esperando. La obra ahonda profundamente en la importancia de la crianza consciente y en por qué los métodos anticuados de castigo y disciplina son ineficaces y a menudo perjudiciales. Este libro propone un nuevo paradigma, una manera de contemplar la dinámica entre padres e hijos mediante la lente del presente, no a partir de experiencias pasadas o preocupaciones futuras. Esto permite que se desarrolle una relación auténtica, una relación basada más en el conocimiento y el respeto mutuo que en el miedo y la culpa. Los padres que utilicen este libro experimentarán, sin duda, más compasión y empatía hacia sí mismos y sus hijos.

CATHY CASSANI ADAMS,
LCSW (asistente social clínica titulada),
CPC (formadora parental titulada),
autora de *The Self-Aware Parent* y directora
de Zen Parenting Radio

El libro de la doctora Shefali es un agente de transformación en todos los niveles. Nos muestra cómo podemos conectar con nuestros hijos al margen de sus conductas aparentes y llegar a su núcleo, su corazón, su esencia. ¿No es esto lo que, en última instancia, quiere cualquier padre? Al ser yo terapeuta de formación conductual, al principio este libro ponía en entredicho mi manera de pensar. No obstante, en cuanto miré más allá de mi zona de confort, fui capaz de ver sus joyas y reformular algunas de mis opiniones en el marco de la dinámica entre padres e hijos.

FERZIN PATEL, M. A., terapeuta conductual

Hemos de escuchar a nuestros hijos, atender a lo que dicen y dejarles ser quienes son. El nuevo libro de la doctora Shefali, *Sin control*, nos enseña cómo hacerlo. La autora nos recuerda que la disciplina no es una buena guía, y que lo que necesitan los niños es una guía reflexiva. De lectura obligada para todos los padres presentes y futuros.

KAREN FRIGENTI, directora
de The Summit School, Nueva York

La doctora Shefali expone estupendamente el modo en que nuestra relación con los hijos, y la conducta de estos, empiezan con nosotros. Mientras otros libros explican a los padres cómo controlar a los hijos, este expone a los padres cómo deben primero cambiar y conocerse a sí mismos. Libro de obligada lectura para cualquier padre o cuidador.

SEAN ECKENROD,
autor de *Allie Gator and the Seven Stones*
y bloguero en *www.Respect4kids.com*

¡Acabemos ya con la silla de los traviesos y los castigos cara a la pared! Contamos ahora con un nuevo enfoque, que revolucionará para siempre la manera de criar a tu hijo. La doctora Shefali nos muestra cómo podemos implicarnos con nuestros hijos de una forma profunda y auténtica, sin basarnos en técnicas artificiales ni estrategias de paños calientes.

Este libro es de lectura obligatoria para todo aquel que quiera fortalecer, inspirar y motivar a sus hijos.

TANYA PETERS, doctora, psicóloga clínica

Si este año solo puedes leer un libro sobre cuestiones parentales, ¡que sea *Sin control*! Nuestros hijos, e incluso nosotros como padres, estamos Sin Control, y ya es hora de aprender a cambiar. El amable, potente y efectivo enfoque de los estilos parentales que hace la doctora Shefali es reconfortante. En un mundo donde los padres o bien dejan a los hijos llevar la voz cantante con desastrosos efectos a largo plazo, o bien se atascan en la mentalidad de «porque lo digo yo» que forma discípulos, no personas felices ni líderes, la autora nos enseña a encontrar el camino más sensato. Este libro está lleno de fabulosos consejos, fáciles de llevar a la práctica, y escritos por una madre que resulta que también es psicóloga.

JACQUELINE GREEN, directora
del programa *Great Parenting*